PAPACIENCIA

Consejos para sobrevivir a la tarea de ser padres

Felipe Viel

de
Le
Tre
 a ⊙

Título original: Papaciencia, consejos para sobrevivir
a la tarea de ser padres

© De esta edición:
2015, Felipe Viel
papaciencia@felipeviel.tv

Primera edición: Mayo de 2016

ISBN: 978-0-9972904-0-0

Diseño de cubierta: Federico Cuadros
www.themktglab.com

Diseño de interiores: Parrot Fish Studios
www.parrotfishstudios.com

Fotografías de autor y de cubierta: Kike San Martín
www.kikesanmartin.com

Edición y gestión: Deletrea, LLC
www.deletrea.net

Printed in USA by HCI, Inc.

www.papaciencia.com

 papaciencia @papaciencia

A mis hijas:

Queridas hijas, quiero dedicarles este libro porque ustedes son lo mejor que me ha pasado en esta vida. Gracias por hacerme inmensamente feliz. Saben que siempre pueden contar conmigo porque el amor que yo...

Perdón... ¿Podrían dejar de mirar su teléfono por un segundo mientras les leo la dedicatoria? ¿Saben qué? ¡No les voy a dedicar ningún libro! ¡Y por favor, no me saquen fotos cuando estoy enojado! ¡No, no es divertido!

———

Dedico este libro a todos los padres que luchan día a día por aprender a ser mejores ejemplos para sus hijos... Aunque aún demos los primeros pasos en ese aprendizaje y nadie reconozca mucho nuestra labor.

Agradecimiento

Durante gran parte de mi infancia, crecí convencido de que cuando uno llegaba a ser papá ya tendría todo bajo control y que las familias eran todas unidas y estables. Con los años, fue muy fuerte darme cuenta de lo vulnerables que son las cosas. Que criar a los hijos es un trabajo diario no exento de muchas dificultades.

Recién ahí pude apreciar lo que mis padres construyeron. Dedico este libro a mi papá, Jorge Viel, por su generosidad infinita, por alentar a mis hermanos y a mí a seguir nuestros propios sueños y por colocar la vara muy alta. ¡Intentaré acercarme!

Y a mi mamá, María Luz, que aunque ya no está con nosotros físicamente, la siento más presente que nunca. Sigo celebrando con ella cada triunfo y aprendiendo de cada caída. Su legado se manifiesta en cada detalle que hacemos por los demás. Gracias por enseñarnos que ese es el secreto de la felicidad. Tu Luz está siempre con nosotros.

A mis hermanos Sebastián, Catalina, Matías, Nicolás y Florencia. El mejor equipo.

A mi esposa, Paula, compañera de viaje y de sueños. Gracias por creer en mis locuras y por arriesgarte conmigo. ¡Te quiero mucho! A mis hijas Celeste y Almendra, mis cómplices y más grande orgullo en esta vida. ¡Las adoro!

A Trevor, Nevaeh y Annalise, mis pequeños compañeritos de tantas madrugadas de domingo. Gracias por enseñarme el amor incondicional y que siempre se puede hacer familia.

Índice

Hace unos días conversaba con mi amigo Toni Costa -que, de paso, les cuento que es el mejor bailarín que conozco-, esposo de Adamari López y papá de la pequeña Alaïa. Él me decía:

"Felipe, cuando me preguntan si ayudo a Adamari con nuestra hija, yo respondo que no porque en realidad "ayudar" no es la palabra, sino que desempeño el papel que me corresponde como padre. ¡Es que me choca que me pregunten eso! Es como si socialmente se entendiera que todo lo que corresponde a nuestra hija fuera responsabilidad exclusiva de la mamá y que yo puedo ayudar de vez en cuando... si quiero. Hoy en día me parece que las responsabilidades de los padres deben ser cincuenta y cincuenta".

Y yo no puedo estar más de acuerdo...

PRÓLOGO

Ha tenido lugar una verdadera revolución en torno al rol del padre. El padre de hoy es una versión actualizada del antiguo; yo le llamo "papá 3.0". Este tipo de papá está mucho más involucrado, más compenetrado y comprometido con el desarrollo de sus hijos. En este rol el padre está, a veces, más cercano a los hijos que la madre, aunque idealmente debería ser complementario. Sé también que muchos papás ayudan en la casa y realizan algunas labores domésticas porque no les queda otra opción, ya que muchas madres trabajan jornadas completas. Me consta que algunos se sienten perjudicados e incluso consideran estas situaciones tremendamente injustas. "El pobre hombre trabaja duro para traer el sustento familiar y ¿además le exigen trabajar en casa?". Aparentemente, no suena muy justo.

El propósito de este libro, sin embargo, es demostrarte a ti como papá, que involucrarse más en la casa, especialmente en el cuidado de tus hijos, no es un castigo de los nuevos tiempos. Al contrario, es una excelente opción. Mejor dicho, es un verdadero regalo y es fundamental si realmente queremos preparar a nuestros hijos para todos los desafíos que les depara la vida. Ya sé que esto suena a premio de consuelo y, quizás, a la excusa de un pobre tipo (o sea yo), que como no le queda otra salida que ayudar con sus hijas, ahora se le ocurre escribir un libro para someter a todos los papás a este tormento. Esa es una idea un poco sádica, aunque no deja de ser atractiva, pero no. A través de estos primeros dieciséis años en que he sido papá (y de cinco niños en total), me he convencido de los innumerables beneficios que tiene para los

Mi objetivo es acompañarte, animarte, inspirarte y prepararte, como intento hacerlo yo cada día, para calzar en esta nueva versión de los papás de hoy.

hijos el haber sido parte activa de su desarrollo. Es más, lo miro como una inversión. Involucrarse de lleno con nuestros hijos cuando estos son pequeños nos ahorrará muchos malos ratos cuando ellos sean más grandes.

Conozco el caso de un amigo que tuvo cuatro hijos, se separó de su esposa y se fue a vivir a otro país. Por diversas razones, tuvo muy poca relación con sus hijos, aunque siempre les enviaba dinero para su educación. A medida que los niños se transformaron en adolescentes, intentó acercarse más, pero era muy difícil conectar con ellos, ya que prácticamente no había historia en común. Un día recibió una llamada terrible: uno de los niños había intentado suicidarse. Él prácticamente desconocía qué padecimientos tenía su hijo.

Esto no es una ciencia exacta: puede que seas un gran padre toda tu vida y esto no te libra de que tu hijo pueda sufrir de depresión o caer en drogas. Nadie es inmune a las enfermedades, las malas influencias, a la historia, los accidentes y el destino. Pero, indudablemente, la presencia paterna en la vida de los hijos les da a estos más y mejores herramientas, así como mayor seguridad para enfrentarse a las adversidades. Definitivamente tú eres el mejor escudo de tus hijos o hijas. Es lo que me repito día a día.

Me consta que no es una tarea fácil. Por eso, mi propósito es darte a conocer mis errores, mis aciertos, lo aprendido a través de otros padres y expertos, anécdotas… en este camino llamado paternidad. Mi objetivo es acompañarte, animarte, inspirarte y prepararte, como intento hacerlo yo cada día, para calzar en esta nueva versión de los papás de hoy.

Finalmente, estas páginas pretenden ser un espaldarazo para todos los papás y mamás actuales, en las diversas formas de hacer familia. Papás en pareja, papás solteros, papás viudos, papás abuelos... Sean todos bienvenidos a la mágica aventura de ser papá. ¿Te animas?

-Si eres de los papás que cambian pañales, preparan pasta con salsa de tomate, hacen tareas de preescolar ¡y todo al mismo tiempo!... Este libro es para ti.

-Si eres de los papás que más de una vez se avergonzaron de tener que entrar a un baño de mujeres para cambiar a su bebé porque el baño de hombres no tenía cambiador... Este libro es para ti.

-Si eres de los papás que han tenido que cambiar su sagrado *happy hour* con los amigos por la película *Happy Feet* con sus hijos... Este libro es para ti.

-Si eres de los papás que deben llamar a su hijo de cinco años para que les enseñe a usar su nuevo teléfono inteligente... Este libro es para ti.

-Si eres de los papás que dejaron de tomarse un rico whisky con hielo para disfrutar el nuevo *show* de Disney sobre hielo... Este libro es para ti.

-Si eres de los papás que ya tienen miedo de regañar a su pequeña hija porque ha amenazado con llamar al 911 por "maltrato infantil"... Este libro es para ti.

-Si eres de los padres que la primera vez que su hija salió sola con un muchacho se quedó desconsolado esperándola en la sala de la casa... Este libro también es para ti.

-Si eres de los papás que a pesar del cansancio, del miedo al fracaso y al cambio de roles están dispuestos a asumir el reto de sacar adelante a los hijos con una inmensa cuota de honestidad y amor... Definitivamente, este libro es para ti.

-Si te gustaría ser un "iDad" creado por Steve Jobs para que tu hija sienta tanta devoción por ti como la que siente por su teléfono...Este libro es para ti.

-Si eres de las mamás que quisieran que su esposo participara más en la crianza de los hijos... Este libro es para ti... ¡para que se lo regales a él!

-Si eres de las mamás que han tenido que ser mamá y papá al mismo tiempo... Este libro es para ti... Y mis respetos y admiración.

-Si eres de los padres a quienes su hija adolescente les da un portazo en la cara cada noche al intentar entrar a su pieza para darle un beso de buenas noches... Este libro es para ti... Y ten paciencia: algún día entenderá lo mucho que la quieres.

¡Bienvenido al club!

CAPÍTULO I. PAPACIENCIA: La ciencia que requiere mucha paciencia

Decidí escribir este libro simplemente porque sentí la necesidad de que los padres nos pudiéramos identificar unos con otros. Que pudiéramos compartir nuestros aciertos y errores en un lenguaje común, honesto y cotidiano. He leído muchos libros de psicólogos y psicoterapeutas familiares con información muy interesante, pero en ocasiones he sentido que esa información es difícil de aplicar en la vida cotidiana.

Por ejemplo, puedes encontrar textos que te dicen cosas tales como: "No le levante la voz, ni regañe al niño. Explíquele en tono amigable y de buena manera que no es conveniente que dibuje en el sofá de la sala". ¿En serio? ¿Acaso estos expertos no tienen hijos? ¿No saben que a veces se agota la paciencia? Seguramente ellos no saben lo que es estar en un supermercado lleno de gente y que tu hijo se tire al suelo a llorar y gritar descontroladamente porque no le compraste el cereal que quería. Todos alrededor te empiezan a mirar con cara de "¿cómo diablos no sabe controlar a esa bestia?" Y no se te ocurra regañarlo o levantarlo bruscamente porque seguro te está grabando la cámara de vigilancia del supermercado, y si tu reacción se ve un tanto violenta no dudes que terminarás en YouTube como el video del padre abusador del mes. ¡Y prepárate si aún no tienes hijos adolescentes, ahí la cosa se pone peor! A los niños de hoy les subes un poco la voz y te amenazan con llamar al 911 para acusarte de abuso psicológico. ¡Así están nuestros tiempos!

Este libro tampoco es uno de esos con tapa rosada de alguna actriz de moda que acaba de tener un bebé y que quiere compartir lo maravillosa que ha sido su experiencia de ser madre... durante tres meses. ¡Hasta los tres meses, tu bebé solo come y duerme! Aún no sabes lo que te espera. No quiero decir con esto que esos libros no sean útiles; claro que lo son. Simplemente, a través de *Papaciencia* quiero tocar la temática de la paternidad desde un punto de vista más cercano a la vida diaria.

Vivimos en la era de la información y ser padre hoy en día implica un desafío mayúsculo. Nuestros hijos reciben una enorme cantidad de estímulos desde muy pequeños. La tecnología avanza a tal velocidad que difícilmente podemos seguirle los pasos. De alguna forma, aún no estamos muy seguros si todo esto está siendo positivo o dañino para nuestros hijos. ¿Cuál es el punto justo, la dosis adecuada? ¡Al menos yo estoy tratando de averiguarlo! Tu hijo de solo un año maneja tu teléfono con una habilidad que sorprende. Hasta ahí suena bien, pero si ese mismo hijo prefiere quedarse jugando con tu teléfono en vez de ir a jugar con sus amigos, ya tenemos un problema. ¿Te das cuenta lo fina que es la línea entre lo bueno y lo malo?

Hoy en día papá y mamá tienen roles compartidos. Aunque ambos puede que trabajen fuera de la casa, quieren ser parte importante en la crianza de los niños. Hoy en día es común conocer al menos a alguien que trabaje desde su hogar o incluso conocer papás que asumen la mayor parte de las tareas domésticas.

En una era en que estamos más comunicados que nunca unos con otros, tiene más sentido aun que aprovechemos esas herramientas para conectarnos y estar unidos en nuestra labor de padres. La idea es unificar criterios y alivianarnos la carga. Esa es la invitación de *Papaciencia*.

Nunca ha sido fácil y nunca será fácil. La finalidad de este libro es darte algunas recomendaciones prácticas que te puedan servir para sacar adelante la que considero que es la misión más apasionante, fascinante y compleja que pueda vivir un ser humano: la experiencia de ser papá.

El día en que todo cambió

Hace dieciséis años nació mi primera hija, Celeste, y me convertí en papá. Desde ese día la perspectiva de mi vida cambió considerablemente. Sientes que no le puedes fallar a tu hija. Es una responsabilidad enorme. Todo comienza a tener mucho más sentido. Es como que desde ese momento el mundo ya es mucho más importante que tú mismo.

Después nació mi segunda hija, Almendra. Aunque fue un evento maravilloso, era una locura ya que el tiempo transcurrido entre el nacimiento de una y el de la otra era muy corto, y eso implicaba muchísimo trabajo. Como mi esposa y yo estábamos solos en Estados Unidos, nos teníamos que ayudar mutuamente ya que nunca hubo ni un abuelo o un pariente que nos diera una mano. Eso es lamentable pero al mismo tiempo te obliga a crear una dinámica familiar muy íntima, que después es beneficiosa en la relación con tus hijas. Cuando vives lejos de la familia extendida, te pierdes muchos buenos momentos, pero al mismo tiempo fortaleces tu círculo familiar íntimo, y eso también es muy conveniente.

Lo bueno de tener hijos seguidos es que después son muy unidos, ya que viven etapas similares. Luego de varios años, ya con nuestras hijas más grandes, mi esposa y yo comenzamos a ser *foster parents*. A través de ese rol incorporas temporalmente a tu familia algún niño en riesgo social. Fue así como desde hace tres años se incorporaron a nuestra casa tres *foster kids*; dos mellizos de seis años y una pequeña de cuatro. ¡De un día para el otro teníamos cinco hijos en total! Ya te contaré más adelante detalles de todos ellos y las diversas situaciones que nos ha tocado vivir.

He tenido la suerte de vivir la paternidad desde distintos ángulos con hijas biológicas e hijos *foster*. En este caso la dinámica es similar a la que se vive con hijos adoptados, ya que debes construir un vínculo desde cero. Esto también pasa mucho en los matrimonios con hijos procreados en relaciones anteriores; el nuevo cónyuge también debe incorporar a su círculo familiar a los hijos de su pareja, aspecto fundamental si se quiere tener éxito en una nueva relación.

No es nada fácil cumplir en cinco frentes distintos. Cada niño es especial y también requiere su exclusividad.

¡Adiós, happy hour!

Lo recuerdo como si fuera ayer. Era una tarde de primavera, en Chile. Como cada jueves, me reuní con mis tres grandes amigos para celebrar nuestro "sagrado" *happy hour*. Era nuestro momento, más que merecido, sin interrupciones. El premio a casi una semana de arduo trabajo: un verdadero ritual para nosotros.

Todos trabajábamos, teníamos novia y nos encaminábamos a formar una familia. Más bien, todos menos nuestro amigo Alejandro, quien nos llevaba cierta delantera. Él ya se había casado y desde hacía unos cuantos meses disfrutaba del nacimiento de su heredero, el pequeño Alex júnior. Alejandro era un profesional exitoso, muy próspero, un líder absoluto y en nuestro pequeño grupo también era considerado, sin lugar a dudas, el "rey de la movida nocturna santiaguina". A la hora de divertirse ¡era un experto! Daba la impresión de que siempre tenía todo bajo control. Bueno, hasta aquel día, en que comenzamos a comprender que nuestras vidas cambiarían para siempre.

Llevábamos apenas una hora de nuestro *happy hour* cuando pasó lo inesperado. Alejandro se levantó de la mesa y nos dijo: "Muchachos, me tengo que ir a casa".

"¡¿Qué?!", exclamamos todos. "¿Pasó algo grave?"

Su respuesta nos dejó atónitos. "Tengo que ayudar en casa con mi hijo".

Se generó un silencio absoluto en la mesa. Un tanto incrédulos y hasta burlescos, preguntamos: "Pero ¿y tu esposa? ¿Y la niñera? ¿O tu suegra? ¿Por qué tienes que ir tú?"

"Ya llevas el dinero a la casa, ¿acaso eso no es suficiente?", exclamó Raúl, autoproclamado orgullosamente "el machista del grupo".

Alejandro contestó con una frase que recuerdo hasta el día de hoy: "Cuando tengan hijos, me van a entender. Las prioridades cambian".

Han pasado los años y, efectivamente, a los tres restantes miembros del grupo la paternidad nos ha cambiado por completo. Ya prácticamente ninguno de nosotros tiene tiempo de ir al *happy hour* y, salvo en raras ocasiones, tampoco tenemos real interés en hacerlo. Las prioridades definitivamente han cambiado y ahora, unos más, otros menos, todos comprendemos a qué se refería Alejandro. Aportar solo el dinero ya no es suficiente en nuestro rol de papás, como sugirió Raúl en ese momento. Hay mucho más. Y esta nueva forma de paternidad la hemos tenido que ir descubriendo en el camino, se ha ido puliendo con la experiencia de los errores y aciertos. De hecho, a nuestros padres no les tocó vivir una era como la nuestra.

De nuestro grupo, todos han comprendido que la labor del padre hoy en día es mucho más doméstica y comprometida con lo cotidiano. Incluso el machista de Raúl se casó y dos años después se divorció. Su esposa no aguantó que él no se involucrara en la crianza de los niños. Luego, se volvió a casar y en este nuevo intento está mucho más activo. De hecho, ¡nos sorprendió subiendo a Instagram fotos suyas actuando en la obra de *Peter Pan* del colegio de su hijo!

Lo sorprendente en todo esto es que lo que ha comenzado para los hombres casi como una trampa sin salida del mundo moderno, a todas luces resulta ser mucho más beneficioso para los hijos. ¡Sí, señores! Está comprobado científicamente que los niños que comparten más tiempo con ambos padres por igual crecen más seguros, más motivados e incluso, son más inteligentes. Según un estudio realizado por la Universidad de Concordia, en Canadá, "la participación de la figura paterna en la infancia de un niño o de una niña resulta enormemente beneficiosa para la inteligencia y el comportamiento de los pequeños, especialmente de las niñas. Los padres que participan activamente en la crianza de sus hijos pueden ayudar a que estos sean más inteligentes y tengan un mejor comportamiento".

Reconozco que asumir este papel no siempre es fácil. Especialmente los hombres latinos llegamos a este punto con una pesada carga cultural sobre los hombros que no es fácil quitarse de encima. En general, no tenemos modelos a seguir, pues nuestros padres tenían hábitos distintos. Sabemos (aunque no siempre lo reconocemos) que las mujeres son capaces de realizar múltiples tareas al mismo tiempo. ¡Tienen una habilidad extraordinaria para eso! Pero, ¿podemos hacerlo también nosotros? ¿Cómo? ¿Por dónde ir? ¿Hasta dónde llegar?

No es una tarea simple cambiar los paradigmas. Lo único cierto es que los hechos demuestran que las relaciones con una mayor complicidad con nuestros hijos pavimentan el terreno para una mejor comunicación con ellos, especialmente en etapas difíciles como la adolescencia. Nos convierten en actores presentes en sus vidas. ¡Un gran desafío! Esa es la razón de este libro. No tengo mayores pretensiones: mi meta es, simplemente, compartir experiencias, errores, aciertos, inquietudes, anécdotas... Y abrir el debate, que siempre es necesario ante cualquier proceso evolutivo.

La historia de los padres a partir del "papasaurio"

Desde épocas ancestrales, la figura del padre ha sido imponente, sinónimo de fuerza, liderazgo y guía de un clan. ¿Se han puesto a pensar cuánto ha cambiado el concepto de padre a través de la historia? Entre los griegos y romanos, por ejemplo, la paternidad no tenía que ver necesariamente con el parentesco biológico. El concepto iba mucho más allá, pues un hombre podía reconocer a alguien como hijo o hija, aun sin tener lazos sanguíneos, solo con el hecho de manifestarlo. Era más bien un acto de honor y afecto. Algo así como la adopción de hoy en día.

Con la sistematización de las religiones como tal comenzó ese rol de padre que se asemeja al de un monarca de su propia estructura familiar. Ciertos personajes del Antiguo Testamento fueron patriarcas. De hecho, la palabra patriarca proviene del griego *patriárkhes* (jefe de familia), y este de *patriá* (linaje, tribu) y *árkho* (yo gobierno). Y según esto, el Dios de la Biblia siempre ha tenido conexión directa con los patriarcas: Moisés, Abraham y Jacob.

Por una cuestión lógica de jerarquía se mantiene ese orden divino según el cual "después de Dios, están los padres". Por eso los hijos les deben afecto y obediencia ciega en la mayoría de las religiones. Sus órdenes se acatan y no se discuten. El judaísmo, islamismo y en especial el cristianismo, que domina nuestra cultura occidental, han marcado esta pauta histórica.

En épocas como la Edad Media y el Renacimiento en Europa y hasta hace algunas décadas en comunidades tradicionales del continente americano, el rol del padre era intocable, con una autoridad absoluta e incuestionable tanto sobre su esposa como sobre sus hijos. Abundan las historias de lugares apartados donde los padres de familia ejercían un poder absoluto sobre la familia, a la usanza de los antiguos señores feudales europeos. Su palabra era ley y no solo en su núcleo íntimo, sino también entre sus trabajadores y la comunidad cercana. En mi país, Chile, por ejemplo, se usaba el término "dueños de fundo", algo así como "dueños de finca" o "hacienda", para referirse a esos patriarcas que infundían un temor que ya era legendario. El mismo arquetipo que Gabriel García Márquez inmortalizó en sus novelas con la estirpe de los Buendía en ese Macondo universal que es Latinoamérica. La verdad es que las cosas han cambiado bastante. Ya me imagino hoy en día que llegue un papá a exigir trato de señor feudal: ¡lo sacan a patadas de la casa! En la actualidad las cosas son muy distintas, aunque yo sigo teniendo la última palabra en mi casa ("¡Sí, mi amor!").

Cuando el hombre mandaba... o al menos eso creía

La historia siguió su curso, y a medida que fue cambiando la sociedad, cambiaron también los roles. Durante la primera mitad del siglo XX, con los conflictos bélicos, la partida de los hombres a los frentes de guerra, la integración de la mujer a la fuerza laboral y su aporte a la economía familiar cambiaron el orden de las piezas del rompecabezas familiar. Luego, durante las décadas de los sesenta y setenta, los "rebeldes sin causa" empezaron a remover aún más las estructuras conservadoras. La nueva forma de pensar, las nuevas tendencias y modas abrieron brechas generacionales. Se alzaron voces criticando y confrontando ese modelo patriarcal y severo, obligando a flexibilizar el rol de los padres.

En las últimas décadas del siglo XX aumentó también

la presencia y el protagonismo de las mujeres en la educación de alto nivel, en la fuerza laboral, y esto, lógicamente, les permitió ganar independencia y, en gran medida, hacerse cargo de la manutención de sus familias. También han sido parte importante de estos cambios sociales del núcleo familiar y sus roles el control de la capacidad para procrear por parte de las mujeres, los métodos anticonceptivos, las opciones para fecundar independientemente del tan temido reloj biológico y de, incluso, hacerlo por métodos artificiales con fertilización asistida; asimismo hay que mencionar la apertura social frente a temas tan escabrosos como la violencia doméstica y la pedofilia, entre otros.

Los movimientos feministas y las nuevas organizaciones han ayudado a dar autonomía y a empoderar justamente a la mujer, mientras la figura del padre, dentro de estructuras tradicionales, aparentemente se ha debilitado. ¡En el fondo, nos respetan menos pero trabajamos más!

De la crisis del macho al padre 3.0

Definitivamente, en el mundo moderno el rol de la mujer ha cambiado. Ahora la mujer tiene un papel protagónico en muchos ámbitos. Y para quienes tenemos hermanas, amigas e hijas, esto es tremendamente esperanzador. Todos queremos, o deberíamos querer, oportunidades para "todas". De eso no cabe duda. Pero también hay que responder las siguientes preguntas: ¿dónde queda el rol del hombre?, ¿quién nos preguntó si nosotros queríamos esto?, ¿y si la mujer sale a trabajar y está menos tiempo en la casa? Muchachos, ha llegado la hora de asumir nuevos roles domésticos.

No podemos desconocer que hasta hace poco tiempo el modelo tradicional era el del padre proveedor y el jefe que controlaba y tomaba las decisiones en la familia, mientras que la mujer se dedicaba a la casa, a los hijos, las tareas del jardín... De hecho, en áreas rurales y en ciertas culturas tradicionales y rígidas aún ese sistema no se diluye del todo: es como una fotografía en sepia de nuestro mundo moderno.

Debido al progreso en la lucha por la igualdad de derechos para la mujer, el hombre ha tenido que adaptarse y aceptar roles que para las generaciones pasadas eran inconcebibles, mal vistos o incluso motivo de burlas. Hombres amos de casa, hombres que van al supermercado, que cocinan y que hacen las tareas de los niños. Esa es nuestra nueva realidad. La imagen "machota" de hombre que llega del trabajo y se sienta en su sofá a que lo atiendan ya es casi impensable, completamente arcaica, o al menos se desdibuja en padres más contemporáneos.

Hace algún tiempo, el actor Ashton Kutcher, quien debutó como padre con el nacimiento de su hijita Wyatt, cuya madre es la guapísima Mila Kunis, desató todo un revuelo al encabezar una campaña para lograr que instalaran cambiadores en los baños de hombres en tiendas, restaurantes y centros comerciales y no solo en los baños de mujeres o familiares, como existen hasta ahora. A través de la página web Change.org, el protagonista de la popular serie *Two and a Half Men* pedía acabar con los estereotipos, que a su juicio están obsoletos. Por eso aboga para que padres como él tengan la posibilidad de mudar a sus niños en el baño de hombres. De inmediato su propuesta comenzó a crecer y a recibir miles de comentarios a favor de papás modernos que cada día enfrentan el mismo problema. De hecho, algunos de los comentarios postulan que un hombre jamás va a comprender lo sexista de esta situación hasta que se convierte en padre. Obviamente, parte importante del impacto mediático de la iniciativa se debe a que viene de una celebridad, reconocida como un *sex symbol* (el hombre que le quitó el sueño durante años a Demi Moore), pero que ahora, al cambiar a este rol de padre 3.0, se enfrenta a los mismos desafíos que enfrentamos los hombres a diario.

Mi amigo Robert Somoza es un destacadísimo productor y publicista de Miami. Durante la mayor parte de su carrera trabajó con grandes celebridades como Gloria y Emilio Estefan, entre muchos otros. Gran parte de su trabajo ocurría de noche y, como buen puertorriqueño, se manejaba como pez en el agua en este mundo bohemio de música, diversión y negocios. Por circunstancias de la vida, una vez que fue padre tomó la decisión de apoyar la carrera de la madre de su hijo, lo cual implicaba que ella se mudara a otra ciudad del país y él se hiciera cargo por completo del niño. Siempre admiré la preocupación y dedicación de Robert con su hijo. Sin duda esto implicó para él muchos cambios en lo laboral, comenzando con la renuncia al estilo de vida itinerante de un productor de artistas. Cuando le pregunté cómo podía hacer todo, me respondió: "Para mí ha sido un tema de prioridades. Siempre trato de buscar trabajos que me permitan tiempo con mi hijo. Desde el primer día que tomo un proyecto, dejo claro cuál es mi disposición en cuanto a tiempo, viajes, etc. Antes viajaba muchísimo, pero ahora he optado por tomar trabajos de producción televisiva u otros de tipo *freelance* que me permitan un horario más estable, y poder estar presente en el día a día de mi hijo: recogerlo en la escuela, participar de sus actividades, llevarlo al parque a diario, darle su comida, acostarlo, etc." Sin duda, Robert es un padre 3.0. He tenido la oportunidad de acompañarlo en algunas actividades que realiza con su hijo y he sido testigo del admirable nivel de complicidad entre ambos.

Lo más increíble de todo esto es que no se trata de casos aislados. Para mi sorpresa, investigando para este libro encontré un interesante artículo en *The New York Times* que hablaba sobre la nueva tendencia en Estados Unidos: la de los hombres que abandonan la fuerza laboral tradicional para unirse a un verdadero movimiento de padres que se hacen cargo de la casa y la crianza de sus hijos. El artículo coincide con numerosos estudios y datos prácticos que demuestran que, solo unos cuantos años atrás, los hombres que tomaban este riesgo eran muy pocos, por eso en gran medida eran ridiculizados o estereotipados con dureza por sus amigos. Sin embargo, según datos del más reciente censo de Estados Unidos, en la última década este modelo de paternidad alcanza los 176 mil casos. Si a esto se le agregan los hombres que mantienen un empleo de media jornada o *freelance* para ayudar a su pareja, pero siguen también a cargo de los hijos menores de quince años, el número llega a 626 mil. ¡Indiscutiblemente, es una tendencia!

No es casualidad que la cantidad de páginas web y

blogs de papás a cargo de sus hijos esté creciendo como la espuma. Y para muchos de sus creadores esta actividad no solo ayuda a formar redes de apoyo sino que también se está volviendo una buena forma de ganar dinero, ideal para cumplir con este nuevo rol. Ahora, series como *Up All Night*, en la que un abogado se convierte en un orgulloso amo de casa, también están ayudando a crear esta onda expansiva de aceptación y de flexibilidad en la estructura familiar. En este nuevo orden no hay espacios para cuestionar la identidad o sexualidad (otra reminiscencia del machismo); se trata, simplemente, de emplear el libre albedrío a la hora de armar un modelo de familia. Cuestión de opciones.

A modo de ejemplo, hace un tiempo *The New Yorker* publicó una imagen que sorprendió a muchos: se ve a una mamá que empuja su carriola de bebé en el parque y se encuentra con que más de la mitad de carriolas que hay a su paso están a cargo de papás. Y es que al menos en EE. UU., cuando se trata de cambios y tendencias, ¡las cosas se mueven a velocidad de la NASA!

Según la Oficina de Estadísticas Laborales de Estados Unidos, al inicio de esta década solo el dieciséis por ciento de las familias estadounidenses estaba formada por un marido proveedor y una esposa ama de casa. En la actualidad, alrededor del cuarenta por ciento de las mujeres gana más que el marido, lo cual indudablemente estaría moviendo las piezas del juego. Algunos libros como *The Richer Sex: How the new Majority of Female Breadwinners is Transforming Our Culture*, de Liza Mundy, abordan este tema.

Tanto los autores que comienzan a hurgar en esta nueva organización familiar como sus protagonistas coinciden en que hoy en día lo que marca la diferencia es el hecho de romper la estructura, sin ser una amenaza para esta. Así como tener claro que el optar por el hogar y el cuidado de los hijos no es sinónimo de fracaso en el papel de 'hombre de la casa', sino simplemente es una elección por un estilo de vida alternativo. Sin querer, es como una especie de rebelión contra la estructura machista que ha reinado por tantos siglos.

Y ahora... ¿quién podrá defendernos?

El gran problema es que muchos hombres tenemos como referente la figura de nuestros padres o abuelos, y se nos hace muy difícil hacer las cosas de forma distinta a la que nos enseñaron desde pequeños.

Tengo la suerte de haber crecido en una familia muy estable, con padres muy involucrados en el desarrollo de sus hijos. Ambos trabajaban, ambos tenían sus intereses profesionales, pero el gran proveedor siempre fue mi padre. Fue y sigue siendo un padre excepcional, pero el modelo que vi fue el de un padre que llegaba a las siete u ocho de la noche, cansado de trabajar (y mucho), se sentaba a disfrutar de un aperitivo y a esperar la cena. Es un gran padre, pero para estar claros, ¡jamás lo vi cambiar pañales! Hoy, las reglas del juego para un padre como yo, con hijos de distintas edades, que quiere ser un papá moderno y muy presente, son completamente distintas. Y ese modelo que tuve, aunque fue muy bueno, no se ajusta a las necesidades del mundo moderno.

Y es que, en general, en el ámbito doméstico el hombre queda en deuda. No sabe dónde ubicarse. Hoy en día, los expertos que exponen sus puntos de vista en revistas especializadas aseguran, por ejemplo, que el hombre tiene que cambiar pañales. Pero, ¿tiene que hacerlo en caso de emergencia o es parte de sus actividades cotidianas? ¿Puede un hombre ser amo de casa, encargarse del aseo, del supermercado y dejar que la mujer salga a trabajar? Es posible que, si lo cuentas en tu grupo de amigos, ¡se burlen de ti! ¿O contarán historias similares? El plan que proponemos en estas páginas es compartir experiencias y descubrirlo juntos. Pues lo único cierto es que esto es el escenario real y que cada vez sucede con más frecuencia. Finalmente, si en la vida es tan importante tener un propósito para ser feliz, ¿qué propósito podría ser más relevante que el sacar adelante a tus hijos, a tu familia? Si partimos de esta premisa, muchos padres deberían sentirse privilegiados de tener la oportunidad de ser buenos amos de casa mientras sus parejas trabajan. Los niños requieren tiempo, y esto es lo más importante.

Algo en lo que todos los expertos coinciden es que está comprobado que en la vida de un niño, en el aspecto emocional, la presencia permanente de los padres, o de quienes cumplen ese papel, es lo más importante.

Según el documento *Paternidad equitativa: Una propuesta para hombres que desean mejores relaciones con sus hijos e hijas*[1], los hombres que pretendemos ser mejores padres tenemos el desafío social y personal de "disminuir el índice de maltrato infantil y la violencia doméstica, así como el abandono de la casa de hijos, hijas y de los mismos padres". Para eso, la única vía que propone el documento es "lograr una mayor participación en tareas domésticas y en la crianza de las hijas e hijos... A los nuevos padres se les demanda mayor cercanía, amor, comunicación, respeto y, sobre todo, conciencia de su paternidad. El nuevo milenio exige a los varones que son padres mayor equidad, corresponsabilidad, ternura hacia su pareja, hijas e hijos".

Hace un tiempo, comentaba con un amigo que cuando nace un hijo, todo el mundo pregunta ¿cómo está la mamá? ¡Nadie pregunta cómo está el papá! Y es que culturalmente para generar esa empatía hay que generar también esa relación más estrecha, más real de padre e hijo.

Pero, ¡atención!, no tenemos por qué sentirnos mal de no saber exactamente la ruta a seguir para lograrlo. Este hecho cultural es tan nuevo que tampoco existen los manuales de apoyo. De hecho, hace solo unos cuantos años que los expertos en desarrollo afectivo de la primera infancia, por ejemplo, han comenzado a cuestionarse por qué no existe suficiente información sobre la importancia e impacto del padre en las emociones de un bebé en gestación. Mirándolo desde la otra vereda, ocurre lo mismo: según algunos psicólogos, se sabe muy poco de los cambios psicológicos y emocionales que ocurren en el futuro padre y cómo este hace su transformación de esposo o pareja a papá. Al menos ya se le ha dado nombre al proceso: "transición a la paternidad", pero aún no se estudia a fondo. Y esta falta de información se debe en gran medida a que culturalmente los padres "son menos importantes" en el embarazo, el parto o durante la infancia temprana. Pero es precisamente este vuelco, este cambio en el modelo en países industrializados, con padres involucrados cien por ciento en el proceso de crecimiento de sus hijos, lo que está empujando esa búsqueda de respuestas a tantas preguntas.

Los expertos, que al final son quienes proporcionan la base científica que moldea esas respuestas, coinciden en que muchas de esas familias modernas muestran un grado mayor de intimidad entre los hijos y su padre que antes, cuando el padre desempeñaba el papel tradicional. Por eso cada día importa más saber qué cambios internos ocurren en el futuro padre: ¿cuáles son los aspectos difíciles de su nuevo papel?, ¿qué tan importante es el apego emocional entre el bebé y su papá?, ¿qué diferencia puede establecer en la vida de ambos? En fin, tantas preguntas que al menos ya han comenzado a ser temas relevantes.

Por eso creo que lo mejor de esta "nueva era" de demandas sobre la paternidad es que los niños comienzan a tener contacto real, cotidiano y cercano con ambos padres. De esa forma, el modelo que el niño va a empezar a copiar será un modelo que le funcione cuando le toque desempeñar el rol de papá. Porque a nosotros nos está pasando que nuestros modelos ya pasaron de moda. Ya tenemos a estas super-mujeres que llegaron para quedarse... Ahora somos nosotros los hombres quienes nos tenemos que adaptar y preparar.

Algunas tareas de los padres 3.0

No es fácil descubrir hasta dónde llegan las tareas de un papá moderno, de un papá 3.0. Confieso que sigo intentando averiguarlo. Pero dentro de todo lo que he leído, hablado con expertos y aprendido, aquí hay algunas de las obligaciones fundamentales que nos toca poner en práctica si queremos estar a la altura. Veamos.

Un padre de hoy debe estar atento a la etapa en la que se encuentra su hijo o hija. Si por casualidad en tu trabajo te preguntan la edad que tiene y no lo recuerdas, te cuento que por ahí no va la historia. Parte fundamental de los padres de hoy es estar "en todas" con los hijos, es decir, conocer sus actividades, participar en las reuniones del colegio, saber los nombres de sus maestros, llevarlos a sus citas médicas, al menos de vez en cuando, o quedarse esporádicamente en casa con ellos, mientras su madre realiza otras actividades. Pero aquí va el meollo del asunto: disfrutar del proceso. No se trata de hacerlo como una obligación, sino de apreciar ese tiempo.

Un padre moderno se da permiso para mostrarle a su hijo o hija sus emociones. Eso de "los hombres no lloran" está completamente pasado de moda. Mostrarse como una persona sensible, vulnerable y humana es parte básica en la crianza de la nueva generación desde que son bebés. ¡Yo lloro con las películas románticas y mi hija me consuela! Reconozco que en el caso de tratar con Trevor, mi hijo *foster*, al principio no fue fácil expresarle mis emociones y mi cariño de manera directa.

Solo había tratado con mis hijas, que son como mis pequeñas novias, y nunca había tenido otro hombre en casa. Culturalmente, no soy muy adicto a los abrazos y besos, y sentía que jugar fútbol o jugar a la lucha eran detalles suficientes para demostrar mi afecto. Sin embargo, en una ocasión mi esposa me hizo notar que para un niño de cinco años un abrazo es algo importante y comencé a hacerlo. Y por supuesto que él lo valoró. El afecto directo y claro es el mejor remedio, especialmente en la primera infancia.

El padre de la era actual está presente en todo: lo mismo cambia pañales que puede preparar le leche, la comida, pasearlo por el parque y turnarse con su pareja por las noches cuando el bebé llora. La tarea no nos hace menos hombres. Por el contrario, hay muchos reportajes que suelen aparecer en revistas femeninas que cuentan cómo ese rol de padre comprometido es una inyección de *sex appeal*. Al parecer, esa imagen les resulta tremendamente seductora a las mujeres. ¡Tomen nota!

Un padre 3.0 se prepara, lee, se instruye. No es fácil adaptarse a los nuevos tiempos sin perder las riendas en la crianza. No hay fórmulas pero hoy en día si hay algo que tenemos claro los nuevos padres es que no tenemos todas las respuestas, ¡ni tenemos por qué tenerlas! Nuestro nuevo gran valor está en buscarlas, en aprender, en pedir consejo ya sea a expertos, a nuestros propios padres, a personas de confianza y que representen un buen modelo según nuestros parámetros.

Un padre actual entiende la diferencia entre autoritarismo y disciplina. No podemos dejar de ser una figura de respeto y autoridad para nuestros hijos. Pero si bien las relaciones hoy en día ya no son tan rígidamente verticales como antes, podemos fluctuar entre cierta verticalidad y una horizontalidad. Se trata de ser más flexibles y disciplinar demostrando amor. Nada fácil. Ayer mismo mi esposa me regañó porque a veces tengo poca paciencia con los niños chicos. Debo confesar que una vez llegué a ofrecerles dinero con tal de que dejaran de hacer ruido y así poder ver mi partido de fútbol. Algo que, aunque funcionó, es muy poco recomendable. Comportarse correctamente es una responsabilidad de nuestros hijos, ¡pero es que a veces uno ya no sabe qué más hacer! Además, ¿quién dijo que hay que ser amigo de los hijos? Hay que ser papá de los hijos, lo que indudablemente implica una amistad, pero también imponer las reglas del juego y la disciplina.

Un padre 3.0 es auténtico, real. Nuestros hijos nos verán de manera distinta de acuerdo a sus etapas, pero nada como mostrarnos tal y como somos. Eso estrechará los lazos.

Y sobre todas las cosas, un padre de hoy disfruta este proceso integral que exige quizás más que lo que les tocó a nuestros padres, pero que sin lugar a dudas nos brinda el gran regalo de ser verdaderos protagonistas en la historia de esas vidas que nosotros mismos decidimos crear.

Para reflexionar...

El hombre ecuánime (cuento hindú)

Era un hombre querido por todos. Vivía en un pueblo en el interior de la India; había enviudado y tenía un hijo. Poseía un caballo, y un día, al despertarse por la mañana y acudir al establo para dar de comer al animal, comprobó que se había escapado. La noticia corrió por el pueblo y vinieron a verlo los vecinos para decirle:

—¡Qué mala suerte has tenido! Para un caballo que poseías y se ha marchado.

—Sí, sí, así es; se ha marchado, mala suerte, buena suerte, quién sabe —dijo el hombre.

Transcurrieron unos días, y una soleada mañana, cuando el hombre salía de su casa, se encontró con que en el establo no solo estaba su caballo, sino que había otros caballos salvajes que había traído con él. Vinieron a verlo los vecinos y le dijeron:

—¡Qué buena suerte la tuya! No solo has recuperado tu caballo, sino que ahora tienes otros caballos!

—Sí, así, buena suerte, mala suerte, quién sabe —dijo el hombre.

Al disponer de más caballos, ahora podía salir a montar con su hijo. A menudo padre e hijo galopaban uno junto al otro. Pero he aquí que un día el hijo se cayó del caballo y se fracturó una pierna. Cuando los vecinos vinieron a ver al hombre, comentaron:

—¡Qué mala suerte, verdadera mala suerte! Si no hubieran venido esos otros caballos salvajes, tu hijo estaría bien.

—Mala suerte, buena suerte, quién sabe —dijo el hombre tranquilamente.

Pasaron un par de semanas. Estalló la guerra. Todos los jóvenes del pueblo fueron movilizados, menos el muchacho que tenía la pierna fracturada. Los vecinos vinieron a visitar al hombre, y exclamaron:

—¡Qué buena suerte la tuya! Tu hijo se ha librado de la guerra.

—Mala suerte, buena suerte, quién sabe —repuso serenamente el hombre ecuánime.

El Maestro dice: Para el que sabe ver el curso de la existencia fenoménica, no hay mayor bien que la firmeza de la mente y de ánimo.

MORALEJA

Ser hombres y padres ecuánimes, positivos y dispuestos a crecer al lado de nuestros hijos nos dispone a encontrar soluciones, a mirar siempre el vaso medio lleno y a contar con familias saludables y felices.

CAPÍTULO II. *Convertirse en papá: viaje al centro del cansancio*

Cómo empezó todo...

Las contracciones comenzaron el 20 de octubre a las cuatro de la tarde. El doctor nos envió a la casa y recomendó baños de agua tibia y volver al día siguiente. Fue una de las noches más largas de nuestra vida. Al día siguiente partimos al hospital para comenzar la "inexperiencia" de la llegada del primer bebé.

Cuando mi esposa Paula y yo nos casamos, obviamente teníamos el plan de formar nuestra propia familia, pero pretendíamos esperar un poco. Habíamos dejado Chile y decidido probar suerte en Miami. Apenas nos estábamos instalando, tres meses después de nuestra llegada, cuando Paula quedó embarazada de Celeste, nuestra hija mayor. Yo aún no tenía trabajo estable. De hecho, no lo tuve hasta que mi hija tuvo un año y medio.

Es difícil ser inmigrante, especialmente cuando no tienes el respaldo de la familia alrededor. Un 21 de octubre, después de doce horas de parto, nació nuestra hija Celeste.

Salí inmediatamente al corredor de la clínica y grité con fuerza: ¡Nació! Solo escuché el eco de mi propia voz. No había nadie esperando. En nuestros países, cuando nace tu hijo te acompañan en la maternidad unas veinticinco personas para compartir ese momento contigo. Aquí éramos solo nosotros. Nuestros padres viajaron luego para conocer a su nieta, pero pudieron quedarse solo unos cuantos días.

Cuando al fin la tuve en brazos, yo temblaba. Al principio pensé que la niña no estaba bien porque la veía morada y le costaba respirar, pero afortunadamente Celeste nació sin problemas. Y a los dos días ya estábamos con ella en la casa, muy al estilo norteamericano.

Mi esposa estaba aún convaleciente así es que me tocó ayudar en todo lo que podía. El doctor me había dicho: "Si llora, le dan leche", ¡pero olvidó decirnos cuánta! La falta de experiencia nos hizo darle mucho más de la cuenta y a los tres meses nuestra hija se había convertido en un pequeño globito. ¡Típico error de papás primerizos!

No tenía mucho trabajo, así es que me sobraba tiempo para dedicarme a mi hija. Pero fue difícil. Intercambiábamos las tareas con mi esposa y eventualmente teníamos una niñera por unas horas. La verdad, mi esposa no tenía muchas ganas de seguir en Miami, lejos de la familia y con una bebé para criar. En ese momento no había grandes perspectivas para nosotros acá, y el plan de insistir en quedarse sonaba más a locura. ¡En nuestro país en cambio teníamos todo lo necesario para vivir cómodamente y el apoyo de toda la familia!

Pero yo quería seguir intentándolo. Para mantener las cosas en calma, sacaba a mi esposa de vez en cuando a comer, a que se despejara, para lo cual contrataba una niñera por algunas horas (con el dolor de mi bolsillo). A veces, mientras comíamos o tomábamos algo, le preguntaba a mi esposa: "¿Lo estás pasando muy bien?". "Sí", me respondía. "Pero ¿superbien?", insistía yo, ¡porque la salida costaba diez dólares la hora y yo no tenía un gran salario para permitirme un lujo así!

El clima de Miami facilita salir con los niños pequeños y pronto comenzamos a hacerlo con Celeste. Recuerdo que al principio no teníamos silla de bebé para el auto. Solo teníamos un coche que amarrábamos con los cinturones del vehículo. En una ocasión tomé una curva a demasiada velocidad en la vieja van del 91 que manejábamos y el coche de la bebé se dio tres vueltas. ¡Paula y yo gritábamos y buscábamos a Celeste debajo de los asientos! Fue horrible, pero, pese a todo, sobrevivió a eso y a todo el aprendizaje con ensayos, aciertos y errores. Éramos padres muy dedicados, pero muy inexpertos.

Los primeros tres años que vivimos en Miami trabajé como corresponsal para un programa de entretenimiento de mi país que nos permitía vivir relativamente bien, aunque modestamente. Fue difícil, porque como seguramente les ha pasado a muchos de ustedes, aquí tenemos que aprender a hacerlo todo y solos. Inmigrar nos obliga a resolver muchas cosas, y la paternidad es más o menos el mismo proceso. ¡Aquí compras una mesa y te dan una caja con los componentes para que la armes tú mismo! Yo armaba todos nuestros muebles, lo único malo es que siempre me sobraban tornillos. Una clara señal de que algo no había quedado bien, pero, en fin, así se aprende.

Mi gran temor en esa época era que, si no conseguía un buen trabajo, lo más probable era que nos tuviéramos que regresar a Chile sin haber logrado nada. Entonces traté de ayudar a mi esposa al máximo y aligerar su carga de trabajo para que no se sintiera tan agobiada y quisiera hacer maletas. La verdad, no había ninguna razón para estar acá. No tenía un trabajo estable ni estaba en vías de conseguirlo, y lo más sensato era volver a nuestro país… pero por alguna razón no lo hicimos.

Luego, vino la otra bomba. Cuando nuestra pequeña Celeste tenía solo tres meses de vida, Paula supo que estaba nuevamente embarazada. Almendra venía en camino. Fue muy rápido. Reconozco que no teníamos concepto alguno de planificación.

¡En dos años y medio teníamos dos niñas! Entonces asumí un rol superactivo en casa. Trataba de hacer mis reportajes, regresar y ayudar. Sin proponérmelo, la situación me puso en un rol de padre 3.0 casi a la fuerza.

Poco a poco empezamos a descubrirle sus ventajas logísticas a esa forma de participación más activa de mi parte. Por ejemplo, si viajábamos a Chile (que es un largo viaje), dejaba que mi esposa lo hiciera de regreso a Miami sola, un par de días antes. Eso ayudaba a que ella se encargara de abrir la casa, hacer mercado y preparar nuestra llegada. Después, viajaba yo con las dos niñas. Una tenía ocho meses y la otra un año y medio. Ese proceso y conexión con mis hijas me gustaba. Siempre lo he disfrutado.

Celeste y Almendra son niñas que se criaron con mucha presencia de papá y mamá. Paula se preocupa más de los detalles, de llevarles la chaqueta al restaurante para evitar el frío, de cargar la maletita con los pañales cuando eran más chiquitas, de sus juguetes, los medicamentos de emergencia si vamos de viaje, etc. Yo, todo lo contrario, simplemente salía con ellas. El otro día fui al cine con cinco niños; mis hijas y nuestros tres hijos *foster*, y al llegar me di cuenta de que dos iiban descalzas! Esa es una clara señal de que hace falta la mamá. Pero siempre hemos estado ahí, a la par.

El peor foster parent *del mundo*

Vengo de una familia grande. Soy el mayor de seis hermanos. Una gran familia, de padres muy presentes. Mi padre, un hombre de negocios muy exitoso. Mi madre, una trabajadora social, tremendamente comprometida con la comunidad. Crecimos en una familia en la que nos respetaron mucho las libertades de poder desarrollar diferentes actividades. Por eso hay de todo entre los hermanos, somos muy multifacéticos: un economista, un científico, una filántropa, una profesora de yoga, un sacerdote y un animador de televisión que soy yo. ¡Muy diferentes todos!

Paula, mi esposa, viene de una familia de dos hermanas, de padres mayores. Por lo tanto, para ella el concepto de familia con dos hijas era perfecto. Sin embargo, a mí me pasaba que a veces sentía que estábamos solos. La entrega de regalos en Navidad históricamente en mi casa eran unas cuarenta personas por ejemplo y luego, con mi propia familia, que somos cuatro, duraba solo unos minutos. Para mí, una casa con niños gritando y corriendo es normal, no implica caos. Por el contrario, ¡es vida!

Ya con las niñas más grandes, en la preadolescencia, llegó un momento en que nuestra vida estaba más organizada, más controlada. Sin embargo, recordaba mucho a mi mamá, que además de sus seis hijos, manejaba sus propias fundaciones para adultos mayores y para niños en situación de riesgo. De alguna manera, sentía la necesidad de retribuir, de mostrarle a mis hijas que todo lo que tienen en la vida no lo pueden dar por hecho, pues no todos tienen las mismas posibilidades. Tanto para Paula como para mí, era muy importante mostrarles que cuando uno tiene tantas bendiciones, hay que devolver la mano, pues así funciona el universo. Considerábamos importante que las niñas vieran otras realidades y que hicieran algún voluntariado. Y comenzamos visitando Haití (ya les contaré esa historia más adelante). Pero en un momento, Paula me sugirió que hiciéramos algo social en Miami para incorporar aún más a Celeste y a Almendra. Entonces se nos ocurrió acercarnos a una organización llamada *His House*.

Cuando me reuní con la directora para ver en qué podríamos ayudar, me propuso realizar el curso de *foster parent*. Me explicó que una buena manera de ayudar es recibiendo por un tiempo a un niño o niña, para darle un entorno familiar, en el que se involucra todo el grupo. No es una adopción, es temporal, pero permite darles ciertos valores y experiencia a esos niños que pueden marcar sus vidas. Me pareció una hermosa labor. Además, se complementaba con mis ganas de tener más actividad en casa.

Recordé también que durante mi infancia, en un colegio religioso en el que estudié, conocí al padre Francis, que venía de Nueva York, y quien en una oportunidad contó una anécdota ocurrida en su casa, en Estados Unidos. Sus padres eran *foster parents* y fue la primera vez que escuché hablar del término. Él contaba que a la hora del almuerzo y cena, se sentaban todos a comer y su papá comenzaba a enumerar a todos los niños. Cuando había alguno que no conocía, le preguntaba en voz baja a su esposa: "Y ¿quién es ese niño de camisa roja sentado allá en la esquina?". Y ella le susurraba: "Ese niño es Peter, ¿te acuerdas?, llegó hace tres semanas". ¡Esa anécdota me pareció fascinante! Me imaginaba una casa llena de vida y lo felices que estarían esos niños viviendo ahí, aunque fuera por un tiempo.

En ese momento, nuestra casa estaba con mis hijas, llena con sus amigas, pero faltaba esa parte social. Así es que la idea de hacer el curso para sacar la licencia de *foster parent* me pareció genial.

Recuerdo que llegué corriendo a contarle todo a Paula y a motivarla para que lo realizáramos. Soy bastante convincente, así es que al otro día estábamos en una de las clases. El curso era difícil y extenso. Había que aprender cómo funcionan los afectos y las realidades de donde vienen esos niños, entre muchas cosas más. Lo hicimos lo mejor que pudimos.

En el segundo fin de semana de clases, comenzaron

a hablar de uno de los temas más sensibles: los grupos de hermanos. ¿Qué sucede cuando la agencia recibe un grupo de hermanos? Nos explicaron lo difícil que resulta mantenerlos unidos porque pocas casas y familias están capacitadas para recibir más de un niño. Entonces, la trabajadora social puso un ejemplo crítico que tenía precisamente en ese momento. Se trataba de tres niños norteamericanos. Dos mellizos de tres años y una niña de dos. No tenía una casa para ellos y en cuestión de días tendría que ponerlos en tres casas distintas. El caso me impactó. Lo encontré dramático, especialmente por los mellizos. Me quedé pensando durante toda la clase en lo injusto que me parecía que a esos pobres niños no solo los separaran de sus padres, sino que además ¡los separarían entre ellos!

Durante el intermedio me acerqué a preguntar más sobre el caso. "Es muy triste tener que separarlos", me dijo la trabajadora social. "Bueno, ¡yo los puedo recibir en mi casa!", le dije. "Al menos a los mellizos para que la separación no sea tan dramática". Ella sonrió, porque recién estábamos en la segunda clase del curso, muy lejos aún de tener nuestra licencia.

"Si no tienes licencia, el estado no te va a ayudar económicamente", me dijo. Ahí recién me enteré de que el estado entrega cierta ayuda cuando eres *foster parent*. No es mucho, pero colabora. Le expliqué que ante esta emergencia era lo menos importante. Ella me prometió que lo evaluaría y, dada la emergencia, me llamaría si veía alguna opción.

Tres días después, Paula y yo estábamos en su oficina. Recuerdo perfectamente esa imagen. Teníamos a tres trabajadoras sociales frente a nosotros hablándonos de los niños. Reconozco que nos sentimos intimidados, y preguntamos: "¿Por qué no pueden seguir en la casa donde están, si llevan cuatro meses ahí?" Se miraron entre ellas y una replicó: "La familia que los tiene no puede más. Tienen un hijo propio y la llegada de los tres ha sido demasiado fuerte".

Quise ser muy claro: "Queremos ayudar. Pero no hemos hecho el curso y no sabemos si podemos lograrlo". Entonces nos propusieron que los niños fueran por un fin de semana a nuestra casa para ver cómo nos sentíamos. Nos pareció una buena idea.

Cuando veníamos de regreso a casa, Paula, extrañada, me preguntó: "¿Dejaste claro que haríamos esto solo por los mellizos y no por los tres niños, verdad? Me pareció que siempre hablaban de "los niños" y no de los "mellizos". "Creo que lo dejé claro", le respondí. "De todas formas, es solo un fin de semana". Eso pensé yo.

El día sábado me levanté muy ansioso ante esta nueva aventura que viviríamos como familia. Mis hijas y Paula también estaban muy nerviosas, y con ganas de que llegaran los niños. Tenían todo tipo de planes para hacer con ellos durante el día. Queríamos conocerlos ya que no habíamos visto ni siquiera una fotografía de ellos. Finalmente, cerca de las nueve de la mañana, llegó una van blanca a dejarlos. Primero se bajó Trevor, que tenía el pelo tan largo que no distinguías si era el niño o la niña. Estaba muy nervioso, pero siempre sonriente. Después bajó Nevaeh, muy tímida y con cara de terror al ver a tantos extraños. Al verlos a los dos, le dije a la conductora: "Gracias por todo, ¿a qué hora vienen a recogerlos?" "¡Espere!", me dijo, "falta la chiquita". Para mi asombro, la agencia había enviado también a Annalise, la niña de tan solo dos años. Apareció con un oso de peluche en brazos, un cabello rizado inconfundible y muy asustada. ¿Qué iba a hacer? En ese momento no podía decir que había un error y que solo esperábamos a los mellizos, así es que la tomé en brazos y entramos a la casa.

Pasamos un fin de semana muy especial. Los niños estaban felices; les compramos juguetes. Al final del día se fueron llorando. Al lunes siguiente envié un email diciendo que todo había estado bien. Si necesitaban de nuestra ayuda por otro fin de semana o un plazo más largo, estábamos disponibles. No habían transcurrido ni veinticuatro horas cuando nos llamaron para informarnos que el día viernes siguiente los niños llegarían a vivir por un tiempo indefinido con nosotros. Probablemente entre cuatro a seis meses. Paula y yo quedamos en *shock*; nos miramos durante varios minutos sin poder hablar.

Comienza la aventura

Al siguiente día comenzamos la preparación para recibir a los niños en menos de una semana. Para complicar las cosas, yo debía volar a Los Ángeles a cumplir con las grabaciones de mi programa de televisión. Paula tuvo que correr al concesionario de automóviles y ver la posibilidad de cambiar nuestra camioneta de tamaño standard por una camioneta gigante que permitiera transportar a cinco niños ¡al mismo tiempo! También tuvimos que acomodar la casa, poner reja protectora alrededor de la piscina, sacar botellas y todo tipo de elementos que pudieran ser peligrosos para niños de tres y dos años. Así como comprar pañales, teteros y un sinfín de cosas que desde hacía años no necesitábamos.

Los niños llegaron el día viernes siguiente, bastante tarde, casi a la hora de dormir. Estaban muy inquietos. Todo era nuevo y extraño para ellos. Recuerdo que les costó mucho quedarse dormidos, menos a la más pequeña que llegó casi dormida. A ella la pusimos en un corral para niños en nuestra habitación al lado de nuestra cama, para supervisarla durante la noche por si se despertaba asustada.

Nunca voy a olvidar la reacción de la pequeña Annalise al despertar a la mañana siguiente. Estaba completamente desorientada. Todo su mundo había cambiado. Su habitación, su entorno y toda la gente a su alrededor. Miró por unos segundos aterrada para todos lados y comenzó a llorar desesperadamente. La tomé en brazos. Ella se me pegó al cuerpo y así se quedó durante horas, como pidiendo que no la abandonara nuevamente. Para mí fue una experiencia muy fuerte, y de hecho, cada vez que he pensado en rendirme en esta misión de *foster parent* y considerar que los niños se fueran a otra casa, me acuerdo de su cara, de su expresión, y me esfuerzo por seguir para que ella no tenga que pasar por eso nuevamente.

No ha sido fácil. Al principio fue muy caótico. Los niños no tenían ningún control, no hacían caso a nuestras indicaciones y era realmente agotador. Dos semanas después de recibirlos, la noche en que regresé de mi viaje a Los

Ángeles, Paula me esperaba en la cocina para hablar. "No podemos seguir haciendo esto. Tú estás viajando y yo ya no puedo más", me dijo. "Entiendo. Hemos tratado de hacer lo mejor por ellos... Seguro en la agencia lo entenderán. Llamaremos mañana para decir que no somos capaces de seguir con los tres niños", le respondí.

Había sido un exceso motivado por las ganas de ayudar. Pero sentíamos que también había irresponsabilidad de nuestra parte por no conocer bien del tema antes de tomar la decisión de ofrecernos. Habíamos aceptado algo que para nosotros no era posible. Así es que acordamos llamar al día siguiente a la agencia para decirles que no éramos capaces de continuar. Pero al día siguiente, por alguna razón no llamamos. Después, las cosas se tranquilizaron y seguimos adelante, como lo hemos hecho durante casi tres años.

Con el tiempo, nos hemos dado cuenta de que, tal como ocurre con la paternidad en general, a veces es cuestión de energía. Un día los niños se atraviesan y no quieres saber nada, porque ha sido un caos todo el día, pero a la mañana siguiente todo está bien, cambia la energía y todo está perfecto. En ese ir y venir de emociones transcurren los días, los meses, los años.

Muchas veces manifestamos el deseo de parar, porque nos sentíamos muy cansados. Sin embargo, los niños empezaron a cambiar mucho. Se empezaron a mimetizar con el entorno, a comer lo que se come en casa, a seguir nuestras reglas, a hacer deporte y a ser parte de la familia. Empezamos a establecer la autoridad y ellos mismos comenzaron a cambiar emocionalmente. En casi tres años ¡el cambio ha sido enorme! Son muy cariñosos, están bien en la escuela, tienen amigos, han viajado, han disfrutado Disney World, comen saludablemente. En fin, muchas experiencias distintas, tanto para ellos como para nosotros.

Nuestra casa se transformó en una verdadera embajada de trabajadores sociales, terapistas, psicólogos, *guardian at litem* y todo lo que involucra un proceso de *foster parent*. Todos los especialistas que llegaban a nuestra casa coincidían en que los niños se veían felices, incorporados y emocionalmente más estables.

Con las niñas, al principio, por supuesto era una novedad. Luego terminó esa "luna de miel" y comenzó la realidad, basada en una relación de hermanos, con sus días de rabietas y cansancio, y los de juegos y momentos tiernos. Como siempre, las relaciones se construyen día a día.

En mi caso, no veo mayor diferencia entre lo que han sido la vida y actividades con mis hijas mayores y las que tengo con ellos. Intentamos hacer la misma vida familiar que hacíamos con nuestras pequeñas a esa edad. Aunque indudablemente al saber que estás cumpliendo un rol que se supone es solo temporal, te restringes emocionalmente, te proteges y quizás muchas veces no das el cien por ciento de amor. Esto contrasta con los niños que, la verdad, no comprenden que están en esa casa de manera temporal. Una vez que se sienten seguros, entregan el corazón completo. Construyen una vida nueva, sin restricciones, sin escudos, sin miedos.

Recuerdo una entrevista del legendario actor Paul Newman. Le preguntaron cómo hacía para llevar cincuenta años casado en el difícil entorno de Hollywood, y él respondió: "Al principio no fue fácil. Hoy en día no es fácil y a futuro no será fácil". Esto es igual. Los momentos difíciles no se comparan con las satisfacciones, el cariño y las sonrisas que ganamos nosotros al final de cada día.

En una ocasión le pregunté a mi hija mayor, Celeste, si quería ver una película conmigo en casa. No quería. Puse la película sin prestarle mayor atención a su respuesta. Se quedó un par de minutos, le gustó y se instaló a verla. Mi esposa también se sumó. Luego, pasó Almendra, mi segunda hija, y también se entusiasmó. Annalise, la más chiquita, no quería dormir y se acurrucó al lado de Paula; se cubrió con una cobija y ahí se quedó. Después llegó Trevor y también se acomodó junto a nosotros. Finalmente Nevaeh, que siempre está en el computador copiando dibujos para pintar, dejó lo que estaba haciendo, vio que todos estábamos cubiertos con un cubrecama gigante viendo la película y también se sentó. Me emocioné mirándolos a todos, felices, riéndose y disfrutando de lo mismo. En momentos como esos suelo pensar: quizás no siempre es fácil, pero se puede.

Tengo la oportunidad de vivir la paternidad desde diferentes ángulos, con hijas biológicas y como *foster parent*, y puedo decir que las relaciones con los hijos en general se van construyendo día a día. El aspecto biológico, si bien es importante, en ningún caso es garantía de una paternidad más saludable. Las relaciones requieren tiempo, dedicación, paciencia y comprensión. La relación entre padres e hijos no es diferente. He visto muchos casos de padrastros que asumen el rol de papás y terminan siendo mucho más importantes en la vida de los niños que los mismos padres biológicos.

El caso de *foster parent* es muy particular porque no se sabe cuánto tiempo tendremos para poder crear un vínculo. En ocasiones uno mismo restringe el afecto para no perjudicar al niño y como medio de protección emocional. Al principio vivía estresado pensando en cuánto tiempo estaría con ellos y qué tan intensa debía ser mi relación paternal. Un día, recordé a un buen amigo a quien su pequeña hija se le enfermó de un día a otro y semanas después falleció de manera inesperada. Finalmente, pensé : ¿qué garantía tenemos de que incluso nuestros propios hijos estén toda la vida con nosotros? Ninguna. Por eso, decidí vivir la vida con mis hijos *foster* de la misma manera en que la vivo con mis hijas: sin hacer diferencias, sin restricciones afectivas, dejando que el corazón se libere y creando vínculos profundos. Vínculos que espero que nunca se rompan, independientemente del tiempo que vivan conmigo. Son mis hijos. Solo es distinta la manera en que llegaron a nuestra vida.

Recuerdo que un día mi esposa me dijo seriamente: "No sirves para ser *foster parent. Eres el peor *foster parent* del mundo". Impactado, le pregunté: "¿Por qué dices eso?". Ella me explicó: "Has creado un vínculo tan profundo con los niños que será tremendamente traumático para ellos cuando deban salir de nuestra casa a intentar rearmar su vida con su madre biológica. No debiste hacerlo tan intensamente".

Me quedé pensando y creo que Paula tenía bastante razón. No hice nunca mayor diferencia con los niños *foster*. Les dediqué muchísimo tiempo y les hice vivir todas las experiencias familiares posibles. Quizás fue demasiado intenso. Pero al investigar un poco sobre este tema, me consuela el hecho de saber que cuando un niño aprende a crear un "vínculo seguro", es decir, aprende a confiar en un adulto y sentirse protegido, puede volver a crear ese vínculo en el futuro con otras personas. Aprende a confiar. Al mostrarle a un niño una forma de vida familiar, él registrará eso e intentará aplicarlo en su nueva vida aunque tenga ciertas carencias. Lo relevante es aprender a crear el vínculo.

Cuando conocí a la fundadora de *His House*, me dijo que ser *foster parents* es como dejar tus huellas plasmadas en la memoria emotiva de un niño. Es darle herramientas que en alguna etapa de su vida volverá a usar. Me contó también que, aunque había tenido tres hijos biológicos, ella sentía que tenía como veinte hijos porque seguía en contacto con la mayoría de los niños con quienes tuvo la oportunidad de convivir; el vínculo se mantenía en el tiempo.

Eso es justamente lo que espero que suceda con mis *foster kids*, con los que tengo y con los que vendrán más adelante. Finalmente, ayudar a un niño es transcender mucho más allá de ti mismo. Es la posibilidad de dejar un legado mucho más importante que tú mismo. Es una aventura fascinante. No sé si exista algo mejor que eso.

Hoy en día, la madre biológica de mis hijos *fosters* sigue luchando por recuperarlos, tarea en la que tratamos de ayudarla en lo que podemos. Al contrario de lo que se pudiera pensar, tenemos una muy buena relación con ella. Realmente espero que pueda resolver sus problemas y reunirse con sus hijos. La madre es siempre la madre. Si ella nos lo permite, estaremos siempre en contacto, apoyando a los niños, ya que los consideramos parte de nuestra familia también. Pienso que en esto hay que sumar y no dividir. Los niños ya están mayores y también tienen sus conflictos. Quieren mucho a su mamá biológica, a quien visitan de vez en cuando, pero también están muy acostumbrados a nuestra familia. Esto les produce mucho estrés y conflicto. Hace unos días, Trevor me preguntó con tristeza: "Papá, si yo me voy a vivir con mi *mommy* (como llama a su mamá biológica), ¿tú vas a traer otros niños a esta casa?". Sorprendido ante su pregunta, le dije: "Mira, Trevor, si más adelante tienes la posibilidad de vivir con tu *mommy*, quiero que sepas que siempre tendrás aquí tu casa y tu familia. Yo siempre voy a ser tu papá, así que tienes que estar tranquilo y contento porque si vives con tu *mommy* tendrás una familia cada vez más grande y que te quiere mucho. Siempre vamos a estar juntos". Se quedó más tranquilo, me abrazó y se quedó dormido.

Quisiera recomendarle a todo el mundo que se dé la oportunidad de ser *foster parents* pero debo decir que nuestra experiencia con el programa del estado de la Florida de *foster parents* ha sido lamentable. Nuestro caso jamás debió demorar tanto tiempo. Ningún niño merece estar tres años esperando a que se defina su futuro. Durante ese periodo, hemos lidiado con cinco personas diferentes a cargo del caso, dos agencias y dos jueces diferentes. Aun así, tras tres años no han podido definir el futuro de los niños que están a nuestro cargo.

En mi opinión, el estado prioriza darle más oportunidades a los padres y madres que han perdido la custodia de sus hijos en vez de enfocarse en buscar lo mejor para los niños. Creo firmemente que se debe respetar el privilegio de los padres biológicos, pero en ciertos casos se debe velar por el futuro de los niños aunque esto implique alejarlos de sus padres y darlos en adopción a familias que les puedan ofrecer un ambiente armonioso.

Es mucho más difícil rehabilitar adultos que salvar niños. Muchas veces hemos deseado terminar con todo este proceso tan agotador e injusto para los niños pero no lo hacemos porque sabemos que eso solo les perjudicaría. Los llevarían a otra casa de *foster parents* y eso provocaría en ellos una nueva pérdida emocional con enormes consecuencias psicológicas para sus vidas. No estamos dispuestos a provocar eso. Por eso aprovecho estas líneas de mi libro para hacer un llamado a las agencias de *foster parents*, a los jueces de cortes de familia, a los manejadores de casos y a todos los que trabajan en el sistema de *foster care* que piensen en los niños. Es a ellos a quienes tenemos que salvar. El tiempo juega en contra y hay que actuar rápido. Los niños necesitan estabilidad afectiva y emocional. Mis hijos *foster* llegaron a nuestra casa por un par de meses y ya llevan tres años.

Para reflexionar...

El vuelo del halcón (Autor desconocido)

Un rey recibió como obsequio dos pequeños halcones y los entregó al maestro de cetrería para que los entrenara. Pasados unos meses, el maestro le informó al rey que uno de los halcones estaba perfectamente, pero que al otro no sabía qué le sucedía pues no se había movido de la rama donde lo dejó, desde el día que llegó. El rey mandó a llamar a curanderos y sanadores para que vieran al halcón, pero nadie pudo hacerlo volar. Al día siguiente, el monarca decidió comunicar a su pueblo que ofrecería una recompensa a la persona que hiciera volar al halcón. A la mañana siguiente, vio al halcón volando ágilmente por los jardines. El rey le dijo a su corte:

—Traedme al autor de este milagro.

Su corte le llevó a un humilde campesino. El rey le preguntó:

—¿Tú hiciste volar al halcón? ¿Cómo lo hiciste? ¿Eres acaso un mago?

Intimidado, el campesino le dijo al rey:

—Fue fácil, mi señor, solo corté la rama y el halcón voló; se dio cuenta de que tenía alas y se largó a volar.

Alcancemos alturas antes de que alguien nos corte nuestra rama.

MORALEJA

La paternidad es una incomparable oportunidad para convertirnos en ese "entrenador" que puede enseñar a volar a nuestro "pequeño halcón", cortando las ramas y estimulándolo a abrir las alas sin miedo.

CAPÍTULO III. *¿Cuál es la familia perfecta? Muy fácil: la que es feliz*

Trevor, mi hijo *foster*, en una ocasión me preguntó: "¿Papá, cuando tú eras chico, vivías con tu papá y tu mamá (o sea, Paula y yo), o con tu *daddy* y *mommy* (sus padres biológicos)?" Él pensaba que todo el mundo tenía ese modelo de familia "doble", que vive en diferentes partes.

Le contesté: "Bueno, cuando era niño no tuve tanta suerte como tú. Solamente tenía un papá y una mamá. Tú, en cambio, ¡tienes cuatro! Y aunque no estamos todos juntos, tienes más gente que te quiere. ¡Tienes mucha más suerte!

"Oh, sí. Tengo mucha suerte", me respondió feliz por él y casi lamentando la "orfandad" en la que crecí.

Las transformaciones sociales y culturales también arrastran nuevos modelos de familia. La diversidad de situaciones parentales es inmensa: madres solteras, padres solteros, parejas homosexuales, abuelos a cargo de sus nietos, tíos, padrinos o amigos que por diversas circunstancias deben asumir ese rol. Y me parece un error cerrarse a reconocerlas como válidas, en tanto sean honestas y se funden en la base de un compromiso familiar inspirado simplemente en el amor.

Recuerdo que una vez, durante una entrevista en mi país, me preguntaron si estaba de acuerdo con que las parejas de homosexuales tuvieran hijos o los adoptaran. Debo reconocer que la pregunta me sorprendió. Es como preguntar ¿están capacitados los heterosexuales para tener hijos? Y cada día nos sorprendemos con historias de personas heterosexuales que claramente ¡jamás deberían tenerlos! Lo mismo puede suceder con los homosexuales: algunos estarán muy preparados y otros no. No soy muy partidario de generalizar.

Según los expertos —como sostiene Edward Shorter en su libro *The Making of the Modern Family*—, en Estados Unidos ya a comienzos de la década de 1950 el término "familia" comenzaba a transformarse en la "familia posmoderna". En los setenta se comenzó a promover fuertemente la posibilidad de aceptar sistemas alternativos de parentesco. Incluso, como anécdota, se sabe que el presidente Jimmy Carter en 1978 tuvo que cancelar la Conferencia de la Casa Blanca Sobre Familia debido a las profundas divisiones ideológicas en torno al tema, lo cual impulsó el debate público que poco a poco comenzó a generar cambios para legitimar las diversas formas de "hacer familia". El punto es tan discutido que actualmente hay un análisis profundo, en el que varios académicos sugieren que ya no cabe hablar de familia en singular, sino en plural, para designar "las familias estadounidenses". Todo, desde la perspectiva de la diversidad.

Respeto profundamente las diferentes posturas religiosas que apelan al modelo tradicional, pero lo cierto es que, después de tantos años de vivir en Estados Unidos, un país con una gran diversidad, uno aprende a conocer realidades diferentes y nos damos cuenta de que no es un tema de "grupo" o incluso de "orientación sexual", sino más bien de personas.

Cuando se trata de adopciones, por lo general, en Estados Unidos se estudian a las diferentes "personas" interesadas en adoptar, ya sea como parejas heterosexuales, solteros, solteras... Y es de acuerdo al perfil de cada uno que los especialistas determinan si está o están capacitados para asumir la responsabilidad.

En principio, no creo que existan familias perfectas. Un papá y una mamá, juntos, pueden ser una figura conveniente, especialmente en el sentido de repartir roles y hacer más fácil el trabajo de crianza de los hijos. Pero, ¡cuidado!, hay familias que con solo una figura, ya sea mamá o papá, están mucho más cerca de la perfección que muchas del modelo tradicional.

Tengo muchas amigas que han criado a sus hijos solas, con todos los altibajos que esto significa, pero en un clima de armonía, salud emocional y estabilidad. Un ejemplo de esto es mi amiga, la presentadora de televisión Carolina Sandoval. Le dicen "la Venenosa" por su sarcasmo a la hora de hablar de los famosos. Tiene una personalidad avasalladora y muy simpática. Constantemente comparte los logros de su talentosa hija e incluso todo lo que escribe sobre ella lo acompaña con el hashtag #lamujerdemivida. Carolina es un ejemplo de una mamá a toda prueba, una motivadora innata y con un compromiso total. He observado de cerca el caso de mi amigo Robert Somoza, a quien les mencioné anteriormente, que lleva su vida de padre soltero con orgullo, alegría y una tranquilidad que se palpa en su rutina diaria. Sin dramas, sin pleitos, como cualquier familia de papá y mamá, inserta en una relación saludable y armoniosa.

Con tantas opciones de familia, es casi imposible distinguir claramente entre la forma correcta y la incorrecta de organizar una. Lo realmente trascendental en todo esto no es la forma sino el fondo, y ahí uno encuentra familias maravillosas conformadas de diferentes maneras. Lo que acerca a una familia a la perfección o al ideal es el amor entre sus miembros, el apoyo incondicional y la seguridad emocional que se les entrega a los hijos. Cuando un niño crece en un ambiente donde se siente seguro, lo hace con confianza en sí mismo. Se siente protegido y, por ende, tiene muchas más herramientas para enfrentar la vida.

Llámese con una madre soltera, un papá soltero, una abuela que cría a los nietos: todos los esquemas de familia pueden acercarse a ser un modelo perfecto. No creo que el esquema de "papá y mamá" tenga que ser asignado con el título de perfección en sí. Si algo de bueno tienen los nuevos modelos de familia es que en todos estos la procreación en general es fruto de la reflexión, el compromiso y el amor consciente, más que casualidad u obligación de conservar la especie. Y eso implica una relación más afectiva, menos autoritaria y más real.

La especialista en salud mental y terapia de familia, máster en educación especial, Marlene González, coincide con este concepto de familia moderna. "Hoy en día la diversidad de rostros o formas de hacer familia es algo muy natural. Además, con la aprobación del matrimonio de parejas del mismo sexo en todo Estados Unidos se deja atrás ese tabú que no ha servido en la sociedad. Nos estamos abriendo socialmente a distintas culturas, abrazando lo nuevo, integrándolo. Estamos aceptando que hay diferencias. Ya no se limita la familia exclusivamente a un hombre + mujer + niño, también es familia un modelo de dos mamás + niños, dos papás + niños, una mamá + niño, un papá + niño. Todas estas formas y otras son 'familia'. La familia de hoy incluso incorpora a las mascotas, pues el concepto se refiere a un vínculo afectivo, que represente algo para nosotros, para nuestras vidas, que nos genere afecto y una conexión con ese ser o esos seres".

¿Qué se necesita entonces para criar a los hijos en estos nuevos modelos familiares? Según los expertos, lo realmente necesario para el desarrollo emocional de un niño en torno al concepto familiar es la estabilidad y seguridad que se le provea. Si un niño crece escuchando sobre la falta de uno de los padres, o de ambos, de carencias y lo siente en su día a día, eso es precisamente lo que aprenderá de su entorno. Si, por el contrario, se desarrolla sintiendo que aquello que tiene es lo mejor que le pudo tocar, es precisamente lo que captará emocionalmente. Mi hijo Trevor, en el momento en que me hizo la pregunta sobre su modelo familiar de cuatro padres, quizás pudo haber recibido el mensaje de que era algo anormal, algo que estaba mal, que lo ponía en desventaja con respecto al mundo y a sus amigos. Sin embargo, escuchar que es un "niño con mucha suerte" lo convenció de eso y le dio la confianza que necesitaba.

Según la Comisión Nacional de la Infancia 1991[2], lo único cierto es que "hay abundantes datos que indican que los hijos siguen confiando en los consejos de sus padres y que respetan sus opiniones a lo largo de su adolescencia y los primeros años de la vida adulta". Y es ahí donde los papás 3.0 debemos enfocarnos.

¡La vida es bella! Mantener la inocencia

El ratón de los dientes (Autor desconocido)

—Papá, yo conozco al ratón que trae dinero cuando se me sale un diente.

—Ay, ¿sí?, ¿Y cómo es el ratón? —pregunta el padre.

—Es igual a ti, ¡pero en calzoncillos!

El apoteósico cumpleaños de Almendra

—Papá, ¿qué hacemos en esta fila? —preguntó mi hija Almendra.

—Estamos aquí para sacar pasaporte y así poder viajar a Chile a celebrar tu cumpleaños —respondí.

—Papá, ¿y toda esta gente de la fila va a sacar pasaporte también?

—Sí, todos van a sacar pasaporte —le dije.

—Sorprendida, respondió: "¿Y toda esta gente va a ir a mi cumpleaños? ¡Pero si yo no los conozco, papá!

Jacky Chan, invitado de lujo

Cuando trabajaba en el programa *Escándalo TV,* fui invitado junto a mis hijas al estreno de la película *Karate Kid*, en la que estarían presentes sus protagonistas, Jaden Smith y Jackie Chan. Mi hija Almendra, que entonces era pequeña, me preguntó:

—Papá, Jackie Chan va a ir al estreno ¿verdad?

—Sí, ¡claro! —respondí.

—¿Tú crees que podemos invitarlo a la casa, a una parrillada?

—¡Claro, seguro que le encantaría una de nuestras parrilladas! Le respondí para seguir con su ingenua conversación, sin imaginar hasta dónde llegaría.

Al llegar al estreno, fuimos entrevistados por el noticiero de Univision y la reportera le preguntó a mi hija:

—¿Qué le vas a decir a Jackie Chan cuando lo veas?

Ella, sin titubear ni un segundo y con la mayor naturalidad del mundo, le replicó: —Bueno, le voy a decir ¡que mi papá lo quiere invitar a una parrillada en mi casa!

¡La verdad es que la ingenuidad de mi hija menor la ha convertido en protagonista de innumerables anécdotas, como ya se habrán dado cuenta! Y es algo que siempre me ha encantado. Más que alegrarme el momento, me enorgullece esa mirada inocente en distintas situaciones.

La inocencia de los niños es maravillosa, y en gran medida es nuestra responsabilidad que no la pierdan, ojalá nunca. Para los niños sus papás siempre tienen todo bajo control. Y hasta cierto punto, así debería ser para mantenerlos el mayor tiempo posible ajenos a problemas que les causen ansiedad e inseguridad.

En ese sentido, siempre me ha inspirado la película italiana *La vida es bella* de Roberto Benigni. Si no la han visto, la trama gira en torno a Guido Orefice, un hombre sencillo y muy soñador que vive en Italia, en la época previa a la etapa fascista. Su gran anhelo era tener una pequeña librería y formar una familia con su amada Dora. A pesar de la inminente guerra, logran hacerlo y tienen un hijo: Giosuè. Pero Guido pierde a su esposa y comienza el horror del totalitarismo nazi. Sin embargo, pese a caer prisionero junto a su hijito, y a todo lo que deben vivir como víctimas judías de la masacre, Guido se encarga de hacer hasta lo imposible por mantener al pequeño ajeno a la realidad. ¿Cómo lo logra? Con una creatividad fuera de serie, que convierte hasta el final cada situación en un juego.

Todo, con tal de mantener la inocencia de Giosuè intacta frente a los horrores de la guerra.

No conozco a nadie que haya visto esta película y quede indiferente. Es tal el amor de ese padre que, a pesar de su propio sufrimiento, hambre y torturas, mantiene una actitud positiva para que su hijo nunca sienta temor frente a la realidad. Guardando las proporciones, ¿cuántas veces a los papás nos toca hacer malabares para no traspasar nuestros miedos y problemas a nuestra familia? Pues precisamente esa es nuestra tarea, si queremos cuidar la inocencia de nuestros hijos como uno de los grandes tesoros.

Hoy, más que nunca, los niños están expuestos a muchos mensajes de adultos. Basta con ver algunos comerciales de ropa interior de mujeres u hombres por televisión, una revista por la calle o entrar a la Internet y ver la página equivocada.

Investigadores del comportamiento infantil como la canadiense Catherine L'Ecuyer, autora de los libros *Educar en el asombro* y *Educar en la realidad*, defienden la importancia de "respetar la inocencia" de los niños. Según esta experta, es un error pensar que los niños pequeños son como un cubo vacío, listo para llenar de información sin límite ni discreción. No es justo que nuestros niños se salten etapas debido a la sobre-estimulación, ya que sus cerebros, si bien son elásticos, no son adultos, no han terminado de formarse.

Un buen ejemplo de cómo los papás podemos acabar de golpe con la inocencia de nuestros hijos ocurre cuando nos cuentan sus historias con amigos imaginarios. Suele ocurrir que, por temor a que más adelante sean ridiculizados en la escuela o jardín, les digamos "eso no existe". En realidad, estos amigos invisibles son una conducta completamente normal en la edad preescolar. Entonces, ¿por qué acabar con la fantasía tan pronto?

Los expertos recomiendan algo que en el fondo todos sabemos: que es favorecer más el juego, la creatividad y la imaginación. Ciertamente hoy en día no podemos mantener a nuestros niños ajenos a la tecnología, al computador, porque es parte de esta generación. Si los dejamos fuera, quedarán también al margen de la educación. Sin embargo, se trata de delimitar y potenciar las actividades que desarrollan la mente.

Sé que no todos los papás tienen el tiempo para participar en juegos que involucren más destreza física, jugar con espadas de madera, armar escondites en el armario, debajo de la mesa o armar una rústica casa en el árbol. Pero tanto los especialistas como el sentido común nos indican que dedicarle un tiempo a juegos de canicas, pintar, embarrarse, desordenar un poco la casa, cualquier actividad que nos permita dejar volar la imaginación y darle un uso distinto a los elementos más simples, colaboran en el proceso de "respeto de la inocencia". Puedes hacer la prueba y verás que los niños poseen una capacidad de asombro innata que les permite encantarse con cosas simples. Ellos no necesitan el robot más sofisticado de regalo para entretenerse, ni el helicóptero a control remoto, ni el dron que filma a 20 metros de altura, ni la última versión de iPhone. Solo requieren espacio, tiempo y respeto a su derecho a ser niño. Tan simple como eso.

No se trata de mantener a nuestros hijos en una burbuja, pero cada etapa tiene su momento. La recomendación básica es cuidar el entorno de tu hijo o hija para que seas tú el primero en hablarle de temas como sexo, violencia, drogas, entre otros, cuando esté más preparado emocionalmente para digerir esa información. Mientras tanto, ¡que nadie robe su inocencia!

¿Cómo hablarles de los peligros sin generar miedo?

Seguramente estarás de acuerdo conmigo en que uno de los grandes temores de muchos papás, como yo, es que nuestros niños sean víctimas de acosadores o depredadores sexuales. Preparar a nuestros hijos frente a un tema tan complejo es difícil, especialmente cuando son más pequeños, pues uno no sabe hasta dónde alertarlos sin crearles temor. Según la terapista de familia Marlene González, debemos tener en cuenta que "los asustados" con la realidad somos nosotros, los padres[3]. "Cuando les explicamos los peligros, debemos hacerlo de manera clara, pero sin generarles miedo. 'Siempre mamá o papá deben estar contigo. Papá no conoce a todas estas personas en el parque, entonces es mejor que estés aquí, cerca de mí para cuidarte', por ejemplo".

Uno de los principales "ganchos" o atractivos que tienen los depredadores sexuales en los parques de juegos para atraer a niños pequeños es el uso de mascotas encantadoras, que son un verdadero imán. "Pues lo mejor en estos casos es explicarles a nuestros hijos que cuando estemos en el parque, pueden jugar con los perritos siempre y cuando nosotros estemos con ellos", agrega la experta. Sin embargo, es enfática en señalar que no podemos olvidar que el cuidado de nuestros niños es nuestra absoluta responsabilidad y no podemos descansar en esa tarea creándoles inseguridad para que ellos estén alerta. Somos nosotros quienes debemos estarlo. No debemos hablar por teléfono o entretenernos haciendo vida social mientras estamos a cargo de ellos, porque basta un segundo para que desaparezcan. "A medida que van creciendo podemos enseñarles a tener cuidado, no hablar con extraños, etc. pero finalmente son niños. En su naturaleza está la confianza. Nosotros somos los adultos, quienes debemos estar alerta, observando y muy atentos siempre a cualquier peligro", agrega la especialista.

Cuando la inocencia de los niños nos mete en problemas

Dicen que los niños y los borrachos siempre dicen la verdad… Y lo peor, ¡es que la dicen en cualquier momento sin importar las consecuencias!

Recuerdo un importante almuerzo de negocios en que Paula y yo decidimos llevar a nuestras hijas, en ese entonces de siete y ocho años. Nos acompañaba un amigo, empresario de la India y un amigo suyo, un empresario japonés, con algunas libras de más. Al momento de pedir el almuerzo, el japonés pidió espagueti con albóndigas. Mi hija Almendra se largó a reír. Todos en la mesa nos quedamos mirándola; yo me temía lo peor.

Después de unos segundos dijo: "¡Yo sé por qué pediste espagueti con albóndigas!" "¿Por qué?", preguntó el honorable empresario japonés. Entonces, mi hija, con toda la espontaneidad que le caracteriza, le dijo: ¡Porque tú pareces una albóndiga! Hubo un silencio tenso, hasta que el japonés se puso a reír con la ocurrencia de la niña. Inmediatamente me llevé a mi hija al baño y le dije: "¿Cómo se te ocurre decirle al señor que parece una albóndiga? "Pero, papá, ¡si es verdad!" ¡Plop!

La mochila de frustraciones

En el programa diario *Escándalo TV* incluimos durante muchos años segmentos de niños y niñas provenientes, en su mayoría, de academias de talentos. Llegaban acompañados de sus papás y sus mamás. No había que indagar mucho para darse cuenta que papás y mamás fungían como "representantes" o "agentes" de estas miniestrellas, preocupados de la iluminación, del vestuario, de la presentación, la música, etc... ¡Con niños de cinco años o incluso más pequeños! Muchos imitaban a las artistas favoritas de sus padres, pero tenían un nivel de exigencia tan grande de parte de estos que cuando les tocaba hacer el segmento, los pequeñitos estaban aterrorizados con la posibilidad de fallarles.

Nosotros veíamos a los papás y mamás detrás de cámara peor que un entrenador de fútbol en pleno mundial: "Ponte aquí, allá, a la derecha... Muévete así, la mano, la cintura, sonríe, ¡eso no! Abajo..." Nos dábamos cuenta de que muchas madres hubiesen querido ser bailarinas, muchos padres soñaban con ser cantantes, pero por distintas circunstancias no lo hicieron y entonces veían en sus hijos e hijas la opción de entrar a ese mundo glamoroso. Querían convertir a su hijo o hija en artista. Esto ocurre más seguido de lo que imaginamos. Un deseo que a veces se convierte en una carga enorme para los niños y no en diversión.

Hay que tener el cuidado de no proyectar nuestros sueños no cumplidos en nuestros hijos. Aunque es muy fácil caer en el juego. ¿Quién no se emociona viendo a su hijita de tres años cantando o bailando y quisiera que el mundo vea ese talento? ¿O no se te hincha el pecho de orgullo al ver a tu pequeño pateando una pelota y ya te lo imaginas marcando un penal en un mundial de fútbol? No voy a mentir: cualquiera se proyecta. Eso lo aprendí hace unos años con mi hija Celeste, que canta muy bien. Desde pequeñita tuvo personalidad de artista y siempre se ha destacado en la escuela en todo lo que tenga que ver con música, teatro y danza. Llegó un momento en que los maestros se encargaron de ponerle más leña al fuego al informarnos que era un talento increíble, todo un fenómeno, según ellos. A tal punto, que pensé: "¡Wow, nació una Shakira en nuestra familia y hay que hacerse cargo de esto! Tendremos que vivir con este 'fenómeno del mundo artístico'".

Como siempre he estado muy conectado a las inquietudes de mis hijas, de inmediato empecé a buscar la manera de canalizar ese talento llevándola a clases de canto, a audiciones, hablando con amigos de distintas áreas del entretenimiento para ver cómo ayudarla. Los videos que ella grababa cantando eran todo un éxito, y eso sumado a mi entusiasmo y redes de contacto parecía la combinación perfecta. Todo iba camino al éxito, pues Celeste ya tenía audiciones pautadas en Los Ángeles para series de televisión y un mundo de oportunidades que se estaban abriendo a sus catorce años. Eso, hasta que un día ella misma me dijo que si bien le gustaba cantar, actuar y bailar, no estaba tan dispuesta a asumir el reto de dedicarse por completo y jugarse toda la vida en esto. "¿Pero cómo? ¡El talento está ahí y todas las oportunidades abiertas de par en par!", pensé. Claro, lo están, pero ella tiene que tener las ganas y la pasión para desarrollar su talento.

Una gran amiga, la actriz chilenoamericana María José De Pablo, más conocida como Coté De Pablo, a quien seguramente han visto en series como *NCIS* o *The Dovekeepers*, me recomendó no apurar a mi hija en su proceso artístico. "No dejes que ella pierda etapas por esto, porque ese juego es peligroso. Deja que viva su vida familiar, que tenga sus amigas, sus recuerdos con sus primos, sus veranos. Hay suficiente tiempo para que ella misma, si quiere seguir en esto, tome su camino. Pero si por obligación debe tomar un campamento de verano en Los Ángeles para estar en la época de audiciones, quizás tomar exámenes libres para poder terminar la escuela y cuántas cosas más que tendría que sacrificar para dedicarse profesionalmente a esta carrera, quizás más adelante le pase la cuenta. Ponerle toda esa presión sin que ella tenga el empuje no vale la pena. Es mejor que esa necesidad surja sola, si es que surge", me sugirió.

Precisamente eso hicimos, y le puse el freno a mi emoción. Si bien Celeste es catalogada por sus profesores como muy talentosa para cantar y para actuar, con el tiempo me di cuenta de que tomarlo como carrera artística era más mi deseo que el de ella. Solo el hecho de pensar en la posibilidad de mudarse a Los Ángeles y no poder terminar la escuela junto a sus amigas, llevando la vida tranquila que hoy tiene como adolescente, condujo a mi hija a postergar el tema artístico.

Como padres, frente a un interés de nuestros hijos, nuestra labor es mostrar todas las opciones y ofrecerles las herramientas en caso de que quieran perfeccionar ese gusto que tienen por algo. Pero la motivación debe nacer de ellos.

Tu hijo es "único y especial", y es importante que lo sepa

Creo que el primer error nuestro como padres parte del hecho de asumir la idea de que nuestros hijos son nuestra extensión. Si bien es cierto que genéticamente lo son, comienzan a desarrollar su individualidad desde el momento mismo en que se crean como un nuevo ser. Y eso debe ser respetado desde el principio, sin ver a nuestros hijos como un reflejo nuestro, por más parecidos a nosotros que sean físicamente.

Una de las primeras marcas que les hacemos a nuestros hijos respecto a esto es el nombre, algo que ocurre especialmente entre los hispanos. Suele pasar que, por una cuestión de tradición familiar, le asignamos el mismo nombre que la madre, la abuela, la bisabuela o que el padre, el abuelo y el bisabuelo. Son muchos los psicólogos y terapeutas que hoy en día sugieren evitar esta tradición en la medida de lo posible.

En primer lugar, los nombres generalmente están ligados a una época; lo que sonaba de alcurnia o estaba en boga hace ochenta años, seguramente hoy es ridículo. Bautizar a nuestros hijos con un nombre anticuado es exponerlos a la burla. Pero, sobre todo, porque no hay nada más personal que nuestro nombre, el cual, de una u otra forma, marca nuestra vida, nuestra personalidad y nuestro carácter.

Con un recién nacido, ciertamente, no podemos adivinar cuáles serán esas características que determinen a nuestro hijo o hija, pero al menos podemos colaborar en darle un sello, una identidad propia y no acarrearle las del árbol genealógico completo. La elección del nombre es, obviamente, una decisión de pareja que involucra el gusto y el criterio de ambos, pero cada día son más los estudios que demuestran que este cambio de actitud frente al nombre tiene sentido.

Incluso si vamos más lejos, algunos expertos que promueven terapias alternativas como la constelación familiar aseguran que al repetir el nombre de un antepasado con un niño, le estamos marcando también un destino que no le pertenece. Comentan que esto incentiva a que los niños tomen el lugar de otra persona a través del nombre, que ya tiene historia, y de una u otra forma terminan identificándose con toda esa carga ancestral.

También se habla de cierto nivel de narcisismo por parte de los padres cuando queremos continuar con nuestro nombre. Es como un intento de clonación, empujando a nuestro hijo a que viva las cosas que nosotros no pudimos hacer. Para ser honestos, suena bastante egoísta.

¿Qué hacer para respetar el derecho de nuestro hijo a ser único?

En principio, muchos sugieren que empecemos por el nombre. Es conveniente elegir de la manera más generosa posible un nombre para nuestro hijo o hija, respetando su derecho a ser único, sin extravagancias para no ponerlo en ridículo. En mis años en Miami he conocido una tradición cubana bastante interesante entre los inmigrantes de la isla de generaciones más recientes. Durante un tiempo, se puso de moda en Cuba el bautizar a los hijos con un nombre creado con parte del nombre de la madre y parte del padre. Por ejemplo, de Yolanda y Daniel forman Yoldani, y es el nombre que dan al hijo. Las combinaciones son increíbles. Claro, algunos opinan que ciertas fusiones son demasiado excéntricas, pero aparentemente son menos tóxicas y, al menos, originales.

Lo más importante, según los expertos, es comenzar a valorar la propia identidad de nuestro hijo desde que está en proceso de gestación. Hay que procurar no caer en el juego de visualizar el futuro de ese hijo desde los tres meses de embarazo de nuestra pareja. O empezar desde ya a comprarle los avíos de béisbol, la guitarra eléctrica, el camión, la raqueta de tenis o, en el caso de las niñas, el tutú de bailarina de ballet. Dejemos que nazcan primero, observémoslos, aceptemos sus aptitudes y características sin restricciones.

Nuestros hijos deben sentirse aceptados en su naturaleza de manera incondicional. De esa forma, a medida que crecen podrán ir mostrándonos sus aptitudes e intereses, de manera libre y espontánea. Sobre esa base real, podemos incentivar y estimular sus talentos ya sea en el arte, las matemáticas, las ciencias, la música, los deportes, etc., pero en la medida que sea parte de la diversión y el aprendizaje, que a fin de cuentas les corresponde por derecho.

Tengamos en cuenta que muchas veces los problemas alimenticios, drogas y alcohol en la escuela, la ansiedad, la depresión, etc., que manifiestan nuestros hijos más adelante son una expresión de rebeldía frente a actividades y gustos impuestos. Es posible que en los primeros años los niños cedan, pero a la fuerza, definitivamente, nada prospera.

Si te pones a pensar por qué tus sueños de cantar, de jugar en grandes ligas, de bailar, de ser artista, futbolista, científico, policía o astronauta no se cumplieron, seguramente recordarás que te obligaron a seguir los gustos de otros. No seas tú quien repita la historia y no le permita a tu hijo o hija cultivar sus propios gustos.

Para reflexionar...

La vasija rota (cuento hindú)

Un cargador de agua de la India tenía dos grandes vasijas que colgaban a los extremos de un palo y que llevaba encima de los hombros. Una de las vasijas tenía varias grietas, mientras que la otra era perfecta y conservaba toda el agua al final del largo camino a pie, desde el arroyo hasta la casa de su patrón, pero cuando llegaba, la vasija rota solo tenía la mitad del agua.

Durante dos años completos esto fue así diariamente. Desde luego, la vasija perfecta estaba muy orgullosa de sus logros, pues se sabía perfecta para los fines para los que fue creada. Pero la pobre vasija agrietada estaba muy avergonzada de su propia imperfección y se sentía miserable porque solo podía hacer la mitad de todo lo que se suponía que era su obligación.

Después de dos años, la tinaja quebrada le habló al aguador diciéndole: "Estoy avergonzada y me quiero disculpar contigo porque debido a mis grietas solo puedes entregar la mitad de mi carga y solo obtienes la mitad del valor que deberías recibir".

El aguador, apesadumbrado, le dijo compasivamente: "Cuando regresemos a la casa quiero que notes las bellísimas flores que crecen a lo largo del camino".

Así lo hizo la tinaja. Y en efecto, vio muchísimas flores hermosas a lo largo del trayecto, pero de todos modos se sintió apenada porque al final solo quedaba dentro de sí la mitad del agua que debía llevar.

El aguador le dijo entonces: "¿Te diste cuenta de que las flores solo crecen en tu lado del camino?"

Siempre he sabido de tus grietas y quise sacar el lado positivo de ello. Sembré semillas de flores a todo lo largo del camino por donde vas y todos los días las has regado, y por dos años he podido recoger estas flores para decorar el altar de mi madre. Si no fueras exactamente como eres, con todo y tus defectos, no hubiera sido posible crear esta belleza".

MORALEJA

No existen hijos mejores que otros. No hay niños buenos y niños malos, según nuestros deseos y expectativas personales, familiares o sociales. Cada hijo posee sus propias aptitudes, diferencias y capacidades que lo hacen único, especial y valioso. De la misma manera, cada familia posee su propio modelo, que puede ser perfecto en su estilo. Saber destacar las características de ellos como individuos y del grupo como familia, pulirlas, incentivarlas y respetarlas depende de nuestro trabajo como "alfarero" y como "aguador", pues aun las grietas de una vasija pueden crear campos de flores.

CAPÍTULO IV. *Comenzando*
a ser héroes

Héroes de carne y hueso

Recuerdo un día en que al llegar a la casa y revisar los mensajes telefónicos encontramos uno corporativo de las elecciones que comenzaba diciendo: *"Hi, I am Barack Obama..."*. Mi hija Almendra, muy sorprendida, salió corriendo y me dijo: "Papá, ¡te llamó Obama!" Obviamente, me lo tomé con humor y aproveché la oportunidad para jugarle una broma: "Vamos a ver qué quiere mi amigo Obama".

Esto es solo un ejemplo que te muestra que para tus hijos tú puedes lograrlo todo, incluso ¡ser amigo personal del Presidente de Estados Unidos! Tú eres el héroe. No puedes fallar.

Si vives en Estados Unidos, seguramente sabes de qué se trata el *Career Day* o Día de las Profesiones, una tradición que se usa en las escuelas, en la cual los padres van a la escuela de los hijos a hablar sobre su trabajo. De esta manera, los niños se van familiarizando con las distintas carreras y profesiones. Cuando mis hijas eran pequeñas y me tocaba hacerlo, buscaba la forma de realizarlo de la forma más entretenida posible. Como mi trabajo es de animador de televisión, lo que hacía era montar un *show* con las clases de mis hijas. Los motivaba a hacer uno al estilo *American Idol* con el nombre de la escuela.

Elegíamos a la más parecida a Jennifer López, a los demás miembros del jurado y llamaba a voluntarios para que simularan las distintas cámaras del estudio de televisión. Cámara uno, dos y tres. Un director de cámaras, un animador y los talentos que participaban. Daba las indicaciones y a "¡grabar!".

Todo el mundo gritaba. Cámara uno, corriendo, cámara dos, corriendo... ¡Bienvenidos! Y comenzaba el *show*. Era un juego divertido y a los compañeritos de mis hijas les encantaba ese día. En una ocasión, cuando iba saliendo del colegio después de una de esas experiencias en que los niños quedaban cargados de adrenalina, entró un señor con un maletín y me dijo en tono muy sarcástico: "Gracias, ahora me toca a mí. Soy abogado". ¡Le había dejado una difícil tarea! Más allá de lo anecdótico, recuerdo que para mí no había mejor recompensa que ver la cara de orgullo y felicidad de mis hijas cuando estaban en medio del *show*, viendo a sus amiguitos divertirse con su papá. Sin duda, era su héroe. Al menos, por ese momento. ¡Impagable! Ya después crecieron y esa admiración se transformó en vergüenza de ver al papá haciéndose el payaso en el colegio, así que me prohibieron seguir asistiendo al *Career Day*. ¡Si voy ahora, me matan!

Piensa en las cualidades de los héroes: son fuertes, protegen y ayudan a la gente. Tienen plena claridad de lo que está bien y lo que está mal. Son personajes con sólidas convicciones.

En los primeros años de la vida de tus hijos, inevitablemente te mirarán a ti para saber por dónde deben ir. Tú marcas la hoja de ruta en sus vidas. Solo se sentirán contentos con ellos mismos si tienen tu aprobación. Lo delicado de esto es que si les fallas a tus hijos y no estás ahí para cuidarlos, respetarlos y guiarlos, inconscientemente buscarán a otra persona para que cumpla ese rol. Y es justamente ahí donde comienzan los problemas.

Tus hijos necesitan un héroe; ese héroe eres tú

Cualidades básicas del superhéroe

Liderazgo

Está demostrado científicamente que tu hijo reconoce tu voz desde antes de nacer. Y esa voz fuerte provoca en ellos un sentimiento de protección. En los primeros años tu hijo necesita tu aprobación ante todo lo nuevo que emprende. No puede sentirse feliz consigo mismo sin antes sentir que estás feliz con él o ella.

En los años de adolescencia es cuando más difícil es asumir este liderazgo, y muchos padres terminan rindiéndose. Pero es justamente en esa etapa cuando es fundamental mantener la autoridad. El instinto natural de todo padre es el de proteger a sus hijos. En ocasiones tenemos miedo de manifestar esa autoridad para no enemistarnos con nuestros hijos, para no crear conflictos, pero esto finalmente juega en contra de nosotros. Ser más permisivos, pensando que con esto tendremos mejor relación con nuestros hijos, puede ser un arma de doble filo a futuro. Aunque suenes duro, autoritario y eso te cree conflictos internos, tus hijos siempre valorarán tu preocupación (aunque no lo expresen).

Muchas veces los hijos te ponen en situaciones extremas porque te están poniendo a prueba, quieren saber qué tanto estás dispuesto a hacer por ellos y a ceder. Aunque niegues un permiso porque consideras que puede ser peligroso y tu hijo o hija llore, te insulte, no te hable por unos días, en el fondo sabe que lo haces porque te preocupa su bienestar, porque le quieres más que a nadie en el mundo.

Recuerdo una vez que mi hija Almendra, con solo doce años, quería ir sola al centro comercial con sus amigas. Tanto a mí como a mi esposa nos parecía que era demasiado pequeña, así es que acordamos que estuviera con sus amigas y que nosotros estaríamos por ahí dando una vuelta o tomando un café, pero cerca. Era una situación divertida, porque ella nos miraba a lo lejos y hacía muecas de molestia. Incluso, a veces pasaba por nuestro lado y nos ignoraba por completo, como si fuéramos dos desconocidos. Para irnos, habíamos acordado que debíamos enviarle un texto y juntarnos con ella en el estacionamiento. ¡Era absurdo! Pero mi hija, a pesar de no estar de acuerdo, estoy seguro que apreciaba que sus padres estuvieran tan preocupados por su seguridad. Si no, cuando sea grande seguro lo apreciará.

De hecho, hoy recuerdo con gratitud y cariño que durante mi adolescencia, cada vez que llegaba de viaje con mis amigos, en el aeropuerto siempre estaban mis padres esperándome. Mientras varios de mis amigos tomaban un taxi y se iban solos, mis papás estaban ahí, mirándome con cara de orgullo, como si volviera de ganar una medalla de oro en las olimpiadas. ¡Me daba hasta vergüenza pensar que lo único que había hecho en mi viaje era irme de fiesta! Nada muy productivo. Hoy valoro ese gesto de "estar ahí" de mis padres mucho más de lo que lo hice en ese momento.

Según los académicos Jim Kouzes y Barry Posner, autores de *El desafío del liderazgo*, si como padres queremos enseñar liderazgo a nuestros hijos, entonces debemos ser ejemplo para ellos: "El mejor líder no necesita hablar, solamente con el ejemplo puede mostrar el camino que desea". La manera más efectiva de lograrlo, antes de tomar una medida, una actitud o una decisión relacionada a nuestros hijos es preguntarnos permanentemente: "¿Somos un ejemplo para nuestros hijos? ¿Es nuestra conducta diaria la que deseamos que nuestros hijos sigan y practiquen?". Si no lo es o tenemos dudas, vale la pena y el esfuerzo detenernos, revaluarnos y hacer los cambios necesarios para llegar a ser ese modelo de líder que queremos que vean en nosotros.

Perseverancia

Suele ocurrir que cuando nuestros hijos tratan de resolver infructuosamente un problema de matemáticas, un juego o alguna actividad, de inmediato se frustran. Esto ocurre porque no toleran la ansiedad y prefieren evitarlo, dejando eso de lado. Según los expertos, la sugerencia es enseñarles a tomar un respiro para volver a intentarlo en unos minutos, con nueva energía. No dejar que el problema los venza. Es la forma de aprender que cada vez que enfrenten dificultades en la vida, quizás lo pasen más o menos mal, pero insistir en el propósito hasta conseguirlo es una sensación inigualable. Y en la mayoría de las ocasiones, es la clave del éxito.

Sin embargo, la mejor lección de este valor se lo damos nosotros mismos con la perseverancia con la que insistimos en transmitirles los hábitos, principios, pautas y normas por las cuales regimos nuestra familia. De acuerdo con los expertos Alberto Masó y Bárbara Sotomayor en su libro *Padres que dejan huella*, "la perseverancia proviene de la fidelidad de los padres a su proyecto familiar". Según ellos, en el momento en que abandonamos la misión por cansancio o comodidad frente a una actitud que no entienden, que rechazan o desobedecen, estamos renunciando a educarlos y perdemos autoridad.

Sé que hay muchos momentos en que sentimos unas ganas inmensas de tirar la toalla, especialmente en la complicada etapa de la adolescencia. A medida que crecen se hace más difícil intentar motivar a nuestros hijos, lograr que se involucren en los planes familiares, el deporte, los momentos divertidos o simplemente respondan un mensaje. Confieso que hay semanas en que tocar la puerta de las habitaciones de mis hijas mayores se vuelve un ejercicio diario, que termina siempre igual, con un cartel inmenso que dice "No molestar". Uno se pregunta ¿dónde quedó la niña que se encantaba con los chistes de su papá? Sigue ahí y eventualmente volverá. Es cuestión de tiempo. Mi trabajo y el tuyo es seguir golpeando la puerta y persistiendo, haciéndoles saber que seguimos y seguiremos siempre ahí para cuando nos necesiten.

Otros superpoderes del héroe de la casa

El sexto sentido de los papás

No solo las madres tienen un sexto sentido, los padres también lo tenemos, el que muchas veces nos permite percibir antes que nuestros hijos ciertas aptitudes conflictivas. En mi caso, soy muy cuidadoso con los amigos de mis hijas. Trato de conocerlos bien, de ser "buena onda", *cool*, lo cual me mantiene más cerca de ellos y rápidamente puedo distinguir a alguno que no me gusta. Claro, hay que tener mucho cuidado en la manera en que les planteas esto a tus hijos y, sobre todo, a tus hijas. Debes ser muy sutil e intentar que ellos mismos se den cuenta de quienes son los amigos con los que les conviene relacionarse más y quienes son una bomba de tiempo cuya detonación podría acarrearles problemas.

Antes del doctor, busca la causa

Conozco gente que sufre muchísimo porque sus hijos están

deprimidos. Rápidamente acuden a especialistas para que los niños puedan recibir el medicamento adecuado y así terminar con esa depresión. Pero pocas veces veo que intenten buscar el origen de esas depresiones. Todavía más extraño sería si se enteraran de que las causas de esas depresiones podrían ser ellos mismos. Y no es que estén haciendo algo mal, sino que en muchos casos el problema radica en lo que "han dejado de hacer" con sus hijos.

Hay una relación directa entre la cantidad de horas que los padres pasamos con nuestros hijos y la probabilidad de que estos sufran de depresión. Hace unos cuantos años, unos amigos me invitaron a jugar golf. Le dediqué mucho tiempo a esta actividad y aprendí muy bien. Bueno, jugaba muy mal pero lo pasaba muy bien. Para no complicar a nuestras familias, jugábamos los sábados entre las siete y las once de la mañana. Llegaba al mediodía a la casa, almorzaba en familia y a las tres de la tarde mis hijas estaban listas para que hiciéramos algo juntos. Pero yo, a esas alturas, ¡estaba agotado! Después de tres meses de jugar intensamente decidí vender los palos de golf y dejar ese gusto para más adelante. Me di cuenta de que debía esperar unos quince años para darme ese gusto porque tenía otras prioridades: mis hijas. Ahora, con la llegada de mis hijos *foster*, serán otros quince años más. ¡A este paso, empezaré a jugar golf como a los setenta años!

Muchas veces lo que causa la depresión no son las situaciones que viven nuestros hijos sino la sensación de que a nosotros, los padres, no nos importan, o no comprendemos la seriedad del asunto. Recuerdo que la hija de un gran amigo vivió una situación incómoda en el colegio con un compañero que fue muy atrevido con ella. La niña se deprimió muchísimo, pero para sorpresa de mi amigo, su tristeza no era puntualmente por el mal momento que vivió, sino porque su papá no le había dado importancia al incidente, como ella esperaba.

Nuestros hijos esperan que reaccionemos a la altura de las circunstancias. Siempre que mis hijas, sobre todo las adolescentes, tienen un nuevo amigo, les pregunto todo tipo de detalles, incluso bromeo diciendo que necesito su número de seguro social para investigarlo. Ellas se ríen y me critican, pero en el fondo saben que es preocupación de mi parte. Mientras más tiempo pasemos con nuestros hijos, mientras más complicidad tengamos con ellos, menos riesgos de depresión u otros problemas surgirán.

Expresar nuestros sentimientos, sin miedo, sin culpa

Los hombres latinos somos un tanto brutos para mostrar los sentimientos. En general, nos cuesta decir lo que pensamos y, mucho más, andar por la vida diciendo: "te quiero, te amo…" Como que eso no está en nuestro ADN. Pero, ¿sabes qué? Es muy importante decirles a nuestros hijos que los queremos. No basta con que demos por sentado que lo saben, o que, según nosotros, se lo demostremos de mil maneras. Hay que decirlo. No nos hace menos hombres, ni dejamos de ser "machos" por mostrar nuestra vulnerabilidad emocional ante nuestros hijos. Al contrario: un héroe de verdad tiene su corazón bien puesto.

Hay muchas formas de decir te quiero. Yo acostumbro enviarles algún mensaje durante el día a mis hijos: "Estoy comiendo la ensalada que te gusta y me acordé de ti. Nos vemos luego", "¿Película esta noche?", "¡Estoy escuchando la canción que te gusta!". Generalmente la respuesta a mis emotivos mensajes es un simple OK o, con suerte, algún emoji. Eso en caso de que me respondan. Pero hay que seguir, sin rendirse nunca.

Enfrentando el trastorno del apego

Como les comentaba anteriormente, la menor de mis hijas *foster* llegó de dos años. Era un viernes por la noche, muy tarde y llegó dormida. Al despertar, soltó un grito desgarrador al ver que había cambiado todo su entorno. Sin duda, una experiencia traumática que solo se fue aliviando a medida que establecía nuevos lazos afectivos. Durante casi seis meses, llegaba a nuestra cama casi todas las noches buscando un abrazo. Cada vez que salíamos al supermercado o a realizar cualquier actividad fuera de casa y ella no iba con nosotros, lloraba desconsoladamente. Lo mismo pasaba cada vez que la dejábamos en la escuela. Tenía un trastorno del apego muy fuerte. Algo más que comprensible si consideramos que fue separada de su madre biológica al año y medio, después estuvo seis meses en otra casa *foster* y luego llegó a nuestra familia.

Nos tomó casi un año demostrarle que no tenía por qué llorar, que si salíamos no significaba que la abandonaríamos, sino que volveríamos pronto. Poco a poco comenzó a confiar.

Es un proceso lento, pero se puede superar.

Esto se denomina "trastorno del apego" o "del vínculo de John Bowlby". Seguramente recordarás que en más de una ocasión tu hijo, en los primeros años de escuela, se aferró a tu pierna llorando para que no lo dejaras solo. Hasta cierto punto y cierta edad, esto es normal. Los niños siempre nos ponen a prueba para saber hasta dónde llega nuestro amor, nuestro cuidado y preocupación. Y esas pataletas son una forma de manipular nuestro cariño.

Según los expertos, el lazo emocional que desarrolla el niño con sus padres o figuras parentales es lo que le proporciona la seguridad emocional que necesita para el desarrollo de sus capacidades psicológicas y sociales. En esta relación, uno que otro berrinche es normal. Pero hay situaciones que van más allá, se prolongan por más tiempo y que se producen cuando ese vínculo entre padres e hijos se altera por eventos traumáticos, como separaciones, abandono, pérdidas, maltrato, entre otros.

A medida que los niños se percatan del poder que tienen al generar una reacción en nosotros con estos berrinches, pueden ir manipulando con mentiras, comportamientos agresivos o incluso violencia hacia las personas que más quieren, o incluso contra ellos mismos. Cuando crecen pueden manifestar retraimiento extremo o hiperactividad, déficit de atención e impulsividad. Otros niños somatizan a través de dolores de cabeza y distintas enfermedades. Y si no es tratado tempranamente, el problema puede llegar a la preadolescencia y adolescencia, cuando empiezan a expresarse con frases como "nadie me quiere", "nada tiene sentido", "debería morirme", que son propias de la depresión.

Obviamente, no hay maldad en este comportamiento. Es un llamado de atención, un mecanismo de defensa con el que ellos buscan reafirmar la presencia física y la cercanía de los padres o de quienes están a su cuidado, aunque sea para regañarlos.

La inseguridad y el miedo que nuestros hijos puedan acarrear en sus vidas dependen de nosotros. Cada niño es distinto, con una historia distinta y con diferentes necesidades. Y nosotros no tenemos por qué saberlo todo. La psicología infantil actual enfatiza que dedicarle tiempo de calidad a nuestros hijos es la primera y mejor herramienta para prevenir, combatir y curar la inseguridad y los miedos. Pero, cuando sentimos y vemos que ese berrinche va más allá y no sabemos cómo manejarlo, es lícito, válido y un deber buscar ayuda profesional.

Cómo crear vínculos con hijos no biológicos

Tengo muchos amigos y amigas que enfrentan el reto de convertirse en padrastros o madrastras de los hijos de sus parejas. Algunos adoptan ese rol en forma natural. Para otros representa una travesía cuesta arriba. Y es que crear vínculos con hijos no biológicos no es fácil.

Tal como he comentado al principio, hoy en día al menos tenemos un punto a favor y es que el modelo familiar ha cambiado, lo cual nos pone en ventaja respecto a nuestros antepasados. Esa familia perfecta se ajusta al modelo que nosotros queramos darle según los integrantes de la nuestra.

Pero, ¿cómo hacemos la tarea más fácil?

Entrega sin restricciones

Tal como conté en capítulos anteriores al hablar sobre mi experiencia como *foster parent*, el temor a encariñarse más de la cuenta es algo que siempre nos toca a la puerta cuando tratamos con hijos no biológicos. ¿Y si no funciona? ¿Y si me tengo que separar de ellos? Lamentablemente, en la vida no tenemos garantías de nada, ni siquiera con nuestros hijos sanguíneos. Trabajamos con el propósito de crear las mejores condiciones para ellos, para su felicidad, pero tristemente corremos con las mismas probabilidades en contra en todos los frentes. Entonces, ¿por qué restringirse?

La premisa que suelo darle a mis amigos es la misma que tengo en mi vida familiar: el único caso que tiene que ver con una decisión personal o de pareja es la separación. Y en ese contexto, se separa la pareja, pero la relación con los hijos, biológicos o no, siempre será de padre a hijo. Por lo tanto, si tu compromiso con esos hijos llega a ser real y cercano, la ruptura con la pareja no determinará ese vínculo.

Tengo el gusto de contar entre mis amigos a Erwin Pérez, un respetado periodista y productor de televisión, a quien admiro profundamente, sobre todo en su rol de padre. Durante varios años, él fue pareja de Laura, otra destacada productora.

Cuando ambos se conocieron, ella ya tenía a la pequeña Valentina. Desde que comenzaron su relación, Erwin siempre cuidó y trató a esa niña como propia. Incluso, a muchos nos sorprendía que hasta físicamente se parecían, y quienes no conocían los detalles, creían que era su hija biológica. A menudo, los logros de Valentina aparecían en el estatus de Erwin de *Facebook*, así como fotografías de ambos en cuanto evento escolar ella tenía. Después de un tiempo, Erwin y Laura tomaron rumbos distintos, pero hasta el día de hoy, él se encarga de recoger a la pequeña de la escuela, la ve durante los fines de semana y sigue participando en todas sus actividades, logros y necesidades. El vínculo padre-hija se mantiene inmutable para él.

Este ejemplo para mí es tremendamente destacable. Comprender que más allá de que la relación de pareja ya no funcione, lo más valioso es que hay una imagen paterna que no tiene por qué desaparecer, pues es importante para esa niña. Se requiere mucha madurez de ambas partes para poner el bienestar de un hijo antes que todo lo demás. Por esta razón, mi amigo Erwin es un ejemplo importante que saco a colación cada vez que alguien me pregunta qué hacer en una situación similar.

Recomendaciones para una relación saludable con hijos no biológicos

Paso a paso

Aunque tengamos una cuota extra de amor para dar, los expertos sugieren que cuando se trata de ocupar ese rol cercano a un hijo no biológico seamos cuidadosos con los tiempos. Especialmente cuando se trata de los hijos de una pareja, las relaciones necesitan tiempo para crecer, paciencia y comprensión. Sobre todo si existe el padre o madre biológicos, no debemos acelerar el proceso para que no sientan que alguien está tratando de reemplazar a su verdadero padre. Tampoco si los niños están viviendo un duelo, ya sea por muerte o por divorcio. En ambos casos, se trata de una pérdida para ellos y hay que respetarla como tal.

Es cierto que quien se gana al hijo, se gana a la madre, pero cuidado con hacerlo solamente por interés. Los niños tienen un sexto sentido para el cariño sincero y apresurar o empujar una relación con ellos por conseguir la aceptación de la pareja puede ser contraproducente.

No seas el reemplazo

No hay nada que enfurezca más a un niño, especialmente si es adolescente, que alguien intente reemplazar a su padre. No lo intentes. Proponte como el amigo incondicional que está ahí para cuidar, acompañar y complementar la vida de ellos como familia. Ten en cuenta que eres tú quien se suma a sus vidas. De la misma manera, respeta la memoria de ese excónyuge si falleció, o su imagen, si aún vive. Si comparte la custodia con tu pareja, sé siempre cortés con él mientras deban interactuar, aunque él no lo sea contigo. Ten en cuenta que empiezas a ser el modelo en esta nueva familia.

Un gran amigo mío me comentó que su nueva pareja tenía un hijo y que se llevaba muy bien con él pero no con su padre, quien lo iba a buscar cada dos fines de semana. Mi amigo simplemente no trataba a esta persona después de saber detalles de cómo había sido en la relación con su actual novia. Quizás fui un poco extremo en mi consejo, pero le dije: "Si realmente quieres tener una relación armónica con tu novia, su hijo y su ex, proponte como meta que de aquí a un año estén juntos en el estadio tú, el niño y su papá". Mi amigo me miró con cara de terror. Lo que quise decirle es que intentara llevar una relación conciliadora y productiva con el ex de su pareja, sobre todo por la salud emocional del niño.

Reglas son reglas

No por llegar más rápido al corazón de ese niño o niña rompas el código de honor que tiene con su madre. La coherencia entre quienes guían a los hijos es vital para que ellos respeten las normas y pautas establecidas. Habla con tu pareja para que no existan puntos de vista distintos ni contraindicaciones. Respetar las reglas es fundamental. Si no estás de acuerdo en algo, háblalo a solas con ella, pero evita convertirte en la manzana de la discordia.

Para reflexionar...

El falso maestro (cuento hindú)

Era un renombrado maestro; uno de esos maestros que corren tras la fama y gustan de acumular más y más discípulos. En una descomunal carpa, reunió a varios cientos de discípulos y seguidores. Se irguió sobre sí mismo, impostó la voz y dijo:

—Amados míos, escuchad la voz del que sabe.

Se hizo un gran silencio. Hubiera podido escucharse el vuelo precipitado de un mosquito.

—Nunca debéis relacionaros con la mujer de otro; nunca. Tampoco debéis jamás beber alcohol, ni alimentaros con carne.

Uno de los asistentes se atrevió a preguntar:

—El otro día, ¿no eras tú el que estabas abrazado a la esposa de Jai?

—Sí, yo era —repuso el maestro.

Entonces, otro oyente preguntó:

—¿No te vi a ti el otro anochecer bebiendo en la taberna?

—Ese era yo —contestó el maestro.

Un tercer hombre interrogó al maestro:

—¿No eras tú el que el otro día comías carne en el mercado?

—Efectivamente —afirmó el maestro.

En ese momento todos los asistentes se sintieron indignados y comenzaron a protestar.

—Entonces, ¿por qué nos pides a nosotros que no hagamos lo que tú haces?

Y el falso maestro repuso:

—Porque yo enseño, pero no practico.

El Maestro dice: Si no encuentras un verdadero maestro al que seguir, conviértete tú mismo en maestro. En última instancia, tú eres tu discípulo y tu maestro.

MORALEJA

La infancia de tu hijo es su período de tabla rasa. Su gran modelo vive en ti. Revisa bien todo aquello que quieras que reciba, para que no te espante a futuro lo que veas frente a ti. Sé un buen maestro.

CAPÍTULO V. *Por aquí va la cosa... creo*

Creando el código de honor

Armar nuestro código de honor es primordial en el desarrollo de nuestros hijos y en la formación que queremos darles. Debemos establecer normas, límites y ese "rayado de cancha" por el cual deben guiarse para avanzar en una relación padre-hijo y en el núcleo familiar. Y como en toda relación, el reglamento incluye a todas las partes involucradas.

El código de honor implica reglas:

- claras	- objetivas
- coherentes	- determinadas
- perseverantes	- firmes, sin ser autoritarias
- con sentido	- no emocionales

El código de honor debe ser establecido de acuerdo a las necesidades de nuestros hijos, de manera que no afecten nunca su autoestima y respeto ni se sientan ridiculizados o humillados.

Según los expertos, ya a partir del primer año de vida,

los niños están capacitados para empezar a entender órdenes y ciertas reglas. Es decir, cuando comienzan a desplazarse, a conocer el mundo que los rodea, deben empezar a aprender ciertos alcances, como las situaciones riesgosas que pueden comprometer su integridad. Por ejemplo, cuando los niños empiezan a caminar, debemos empezar a explicarles que hay ciertas zonas que son de cuidado, como escaleras, tomacorrientes o la cocina. No se trata de asustarlos o marcarlos con el no rotundo o el miedo al peligro, sino de explicarles, en el lenguaje más simple que podamos, que es mejor mantenerse alejado.

Para evitar la palabra **no**, los expertos sugieren dar opciones. Por ejemplo, en vez de decirles: "No pongas tus dedos en ese lugar", hay que llevar la atención hacia otros sectores y otras actividades. Lo mismo frente a una escalera. Suele ser mejor enseñar a los niños cómo bajarlas de manera más segura que impedirles que las usen. Recuerda que a los seres humanos nos encanta lo prohibido. En cambio, cuando sentimos que se trata de algo común que no causa revuelo en otros, nos quedamos tranquilos. Y eso pasa desde los primeros años de vida.

Quieras o no, tú eres, en gran parte, quien le entrega a tu hijo o hija las reglas del juego, el código de honor que tendrán como familia en la relación entre ustedes y el papel que esperas que tenga en la sociedad. ¡Y ten cuidado!, porque todo lo que digas o hagas, en algún momento puede ser usado en tu contra.

Si no quieres que tu hijo mienta, no lo pongas en el papel de cubrirte la espalda y decir que "no estás en casa" cuando no quieres atender una llamada. Pues esos pequeños detalles, por ridículos que te parezcan, van quedando en su registro y empiezan a formar parte de ese código de honor por el cual se regirán la vida entera. Las reglas del juego las pones tú, y si no tienen buena base, puede ser que, con el tiempo, a quien no le atiendan las llamadas ¡sea a ti!

Nada es más poderoso que el ejemplo

Cada sábado por la mañana voy al gimnasio para niños con mis hijos. Y como yo van muchos padres a dejar a sus pequeños y a verlos cómo desarrollan sus destrezas físicas y motrices. Hay un padre en particular que me llama la atención. Debe pesar unas 300 libras y cada fin de semana deja a sus hijos en la cancha y luego se sienta a jugar con su tableta mientras los espera. Cada cierto tiempo, los niños le alegan que no quieren seguir haciendo ejercicio, entonces él les da un discurso sobre la importancia del ejercicio y del deporte. Lamentablemente, ese discurso carece de poder porque no va a acompañado de su ejemplo. ¡Jamás lo han visto moverse! ¿Por qué entonces ellos deben hacerlo?

En general, por naturaleza los niños tratan de evadir la disciplina y el ejercicio cuando es controlado. De hecho, los sábados por la mañana también debo esforzarme por convencer a los míos de que el plan es mucho más entretenido que quedarse durmiendo unas horas más o viendo dibujos animados en casa. Pero aparte de entusiasmarlos con pasar después del ejercicio a algún lugar de juegos, cada semana, una vez que los dejo en su gimnasio, me voy al mío a ejercitarme. Cuando regreso a recogerlos, ven que he sudado tanto o más que ellos. No hay un doble discurso. Por eso, cuando les comento sobre la importancia de llevar una vida activa, saben a lo que me refiero. Y poco a poco lo están asimilando, incluso mis hijos *foster*, que un sábado por la mañana comienza con ejercicio. Definitivamente es mucho más fácil predicar con el ejemplo.

Sé que es fácil ponerlo en papel y no es lo mismo a la hora de marcar la cancha, pues nos tienta esto de 'predicar y no practicar'. Si bien es cierto que aplico mi discurso cuando se trata del deporte, reconozco que he cometido el error común de pedirle a una de mis hijas que diga que no estoy cuando me llama alguien con quien no quiero hablar. ¡Todo mal! ¡Estoy trabajando para modificar ese error! Pues esa pequeña mentira les enseña a ellas que pueden engañar en ciertas situaciones o que puede ser justificable.

Te doy un ejemplo más que me pasa muy seguido. Otro de mis propósitos cada fin de semana es que mis hijos asistan a la iglesia para que vayan adquiriendo una disciplina espiritual. Dedicar al menos una hora a la semana para agradecer lo que tienen y pedir por sus propias inquietudes me parece un ejercicio espiritual saludable. Pero reconozco que en ocasiones le doy prioridad a otros programas para el domingo. Como hace unos días que mi esposa me dijo: "Vamos a misa" y yo le respondí: "¡Mi amor, es que está jugando el Barcelona con el Real Madrid! Te juro que Dios entiende que me quede en casa". Todos los niños se rieron. Con situaciones como esta, cuando quiero que vayan ellos, me dan todo tipo de excusas para no hacerlo. ¿Y qué les puedo decir? Finalmente, ¡he hecho lo mismo! (Si ves, todos tenemos puntos débiles, pero como ya tengo clara mi falla, no me queda más que superarla).

La coherencia es la primera regla que todos debemos aprender a manejar a la hora de crear este código en la vida de nuestros hijos. No podemos pedirles autocontrol en sus emociones y que no golpeen a un amigo en la escuela, si nosotros somos violentos; que sean tolerantes, si nosotros explotamos en groserías cada vez que se nos atraviesa alguien en el tráfico; que sean cooperadores y atentos, si nosotros en casa exigimos que nos atiendan; que sean respetuosos y educados, si nosotros vivimos criticando e insultando a otros. En fin...

Los psicólogos aseguran que la incongruencia entre el mensaje y nuestras acciones como padres puede ser el aspecto más perjudicial en la crianza de nuestros hijos. Esa incongruencia es completamente nociva, pues nos quita la fuerza moral y la legitimidad para enfrentarnos con argumentos a ellos.

Es muy probable que tus hijos repitan el modelo de padres o madres que tengan. Y el ejemplo práctico es mucho más poderoso que cualquier amigo, charla o discurso.

No tengas miedo a ser estricto

Los niños necesitan reglas, necesitan un líder, y ese líder eres tú. Aunque a veces se molesten con que seas demasiado estricto o exagerado, en el fondo, lo agradecen; y si no lo hacen ahora, lo harán en el futuro. A los hijos les gusta comprobar que su papá se preocupa por ellos.

Es sencillo: te pones firme o pasarán sobre ti. Hoy, muchos de los niños de seis y siete años dejan sus juguetes de lado y prefieren escuchar música, jugar por la Internet, etc. Están insertos en un mundo de sobreestimulación y consumismo, en el cual ellos van acaparando más y más información, y de todo tipo. ¡Cuidado! Es importante poner límites o más adelante, especialmente en la etapa de la adolescencia, podrías tener un monstruo en casa.

En las últimas décadas, con este cambio de roles y de modificación del papel tradicional del padre, también ha surgido una fuerte discusión sobre "qué tan amigo se debe ser de los hijos". Uno de los errores más comunes de los padres hoy en día es el ser demasiado permisivo con los hijos para mantener una buena relación. Dejar que tu hijo comience a fumar a muy temprana edad, delante de ti, para no generar roces con él es una decisión que te puede costar muy caro.

Conozco padres que dejan que sus hijas estén con su novio en su cuarto para demostrarles que son padres modernos y mantener así una buena relación. Sin duda, a corto plazo es más difícil ser el malo de la película, pero hacerlo un par de veces y no ser tan permisivo, especialmente en cuanto al tabaco, las drogas, el alcohol y el sexo, a la larga puede ser más conveniente. El papá no está ahí para ser siempre *cool*. El papá está para educar, para guiar, para proteger. Y aunque esto genere ciertos enfrentamientos con tus hijos, en el futuro ellos mismos te lo van agradecer.

Muchas veces mis hijas me discuten: "Pero ¿por qué no puedo hacer eso, papá? ¡Todas mis amigas van a ir!". Y mi respuesta es siempre la misma: "Cuando tengas hijos me vas a entender", o "Yo hice lo mismo que tú. Créeme lo que te digo", y luego les doy una explicación lógica por la que estoy tomando la decisión. Obviamente no son las respuestas que quieran oír o que las dejan felices, pero, hasta ahora, han dado el resultado que esperamos, pues no tenemos problemas de conducta, indisciplina en el colegio, drogas u otros líos más complicados que suelen suceder con los adolescentes.

En este tema hay opiniones de todo tipo, pero muchos psicólogos coinciden en que ser solo amigo de los hijos no es del todo conveniente. Tú debes ser el papá de tus hijos. Este rol indudablemente implica amistad, pero más que todo significa imponer las reglas del juego, guiar, enseñar, liderar. ¡Tú eres quien fija los límites en este partido! Independientemente de la buena relación y "buena onda" que tengamos con nuestros hijos, los padres debemos mantener una figura de autoridad ante ellos.

Una cosa es que seamos papás activos y estemos muy presentes en la vida de nuestros hijos y otra es que nos convirtamos en cómplices de sus malos hábitos. La complicidad en travesuras, aventuras, juegos y de confianza es un aporte vital a la relación, pero si los límites no están claros, el terreno que se pisa está lleno de riesgos. Delimitar es imprescindible porque es la manera de generar en nuestros hijos una especie de muro de contención y les provee de un espacio en el cual pueden moverse con libertad, conociendo las consecuencias de sus acciones. Cuando un niño tiene claro que detrás de esos límites no hay un capricho, sino fundamentos que tienen como único propósito su protección, suele pasar que, por más que se resistan, finalmente aceptan y respetan por convicción y no solo como una orden que acatar.

Hay expertos que sugieren que las "negociaciones" o "sistema democrático familiar" funcionan hasta cierto punto y solo en algunas situaciones, como escoger juntos el destino para unas vacaciones o el plan del fin de semana. Sin embargo, en otras como el comportamiento en un restaurante, el tiempo de estudio y tareas de la escuela, la manera de tratar al resto de las personas, el trato con los adultos, etc., las reglas deben ser establecidas por los padres.

Algunos estudiosos del comportamiento en niños y adolescentes desestiman esto de negociar las reglas como un estilo educativo, pues aseguran que su puesta en práctica (salvo casos excepcionales) ha demostrado no ser efectiva a nivel masivo. Ellos explican que la "relación horizontal" o "de iguales" entre padres e hijos puede representar un peligro. Pero esto no significa que promuevan el regreso al estilo tradicional de autoridad, como en los sistemas parentales más antiguos de los que hablábamos al principio de este libro, en que el padre era un ser casi omnipotente que dictaba las órdenes contra la voluntad de todos. No es así.

Un padre 3.0 puede mostrar que es un ser humano, con defectos, dudas, errores y puntos débiles, pero eso, lejos de alejarnos de nuestros hijos, debe ser la llave maestra, a partir de la honestidad, sobre la que podamos establecer los límites y nuestro "rayado de cancha".

Una sola voz

Seguramente te ha pasado —como a mí, más de una vez— el típico caso de que tu hija le pregunta a su mamá si puede invitar a una amiga a quedarse a dormir. Ella le dice que no, porque no ha hecho la tarea y a la mañana siguiente tiene que levantarse temprano. Entonces tu hija, muy astuta, va donde el papá, que está viendo televisión y no quiere que lo molesten y le pregunta lo mismo. El papá, sin saber la respuesta de su esposa, le dice que sí. Esa contradicción entre los padres ¡es fatal! ¡A mí me lo hacían siempre y luego me las tenía que arreglar con mi esposa! Pero estamos aprendiendo a manejarlo.

El mensaje contradictorio se lee como "no valorar la autoridad de la pareja", y con el tiempo se convierte en un grave problema. Antes de equivocarse es mejor responder: "Ya hablaremos del tema y te lo haremos saber". Siempre hay que estar alineados en "la misma página".

Si hay algo en que los expertos están de acuerdo es que la falta de unidad de criterio de los padres genera un polvorín en la educación de los hijos. Y si lo piensas bien, ¡es como en todo orden de cosas! No se puede servir a dos "jefes" con mensajes contradictorios: si uno desautoriza al otro, quien está en el medio se pierde. De hecho, cuando los niños van creciendo y mientras más astutos son, se van dando cuenta de que pueden sacarle provecho a esas discrepancias ¡para lograr su propósito!

Muchos psicólogos aseguran que en la pareja, o entre quienes estén al cuidado de los niños, siempre es mejor errar juntos que acertar cada uno por su lado. Incluso advierten que, frente a la duda, lo que nunca se debe responder es: "Pregúntale a tu padre" o "Pregúntale a tu madre". Los hijos siempre deben ver y recibir el mensaje de que su familia es un bloque, con referencias claras. Por eso es importante ponerse de acuerdo frente a cuál será la postura que tendrán en cuanto a temas clave y cotidianos, así como en la manera en que esperan resolverlos. Por supuesto que esto se aplica en "casos ideales", pues la vida familiar suele sorprendernos frecuentemente con problemas singulares. Pero coordinarnos con nuestra pareja o con nuestros padres u otros familiares con quienes compartimos la educación de nuestros hijos es vital. De esa forma, quien lleve la voz de mando, con toda la paciencia y calma del mundo, pueda enfrentarlos en el momento adecuado.

Cuidado con exigir el máximo: ¿acaso tú eres tan brillante?

Cuando mis hijas eran aún pequeñas, leí un artículo en una revista donde destacadas personalidades, de distintas áreas como la economía, la televisión, el cine, etc. contaban sus experiencias con sus padres y cómo ellos moldearon su camino a partir de las exigencias que les ponían. Me llamó mucho la atención que las personas más competitivas en su vida profesional, confesaban que sus padres no aceptaban notas mediocres en su libreta escolar. Siempre exigían el 100%, nunca menos. Si bien algunos contaban con orgullo que eso los había obligado a dar lo mejor, a exigirse a sí mismos y a pelear con todo para alcanzar el éxito, no todos sentían que había sido la mejor manera de llegar a esas metas. Algunos se mostraban vulnerables y cuestionaban qué tan felices fueron durante su infancia y adolescencia bajo esa presión.

El artículo me llevó a preguntarme sobre el tema. ¿Qué tan positivo es exigir dar el máximo? ¿Dónde está el límite? ¿Una mayor exigencia garantiza el éxito? ¿Qué tan importante es que lo alcancen?

No cabe duda de que los papás queremos el mejor futuro posible para nuestros hijos. Soñamos con que tengan una carrera brillante, que lleguen a convertirse en profesionales exitosos, con vidas perfectas. ¡Eso es normal y completamente lícito! Anormal sería desear un porvenir mediocre para ellos. Sin embargo, el problema está en que a veces les exigimos mucho más de lo que pueden dar y, lo que es peor, mucho más de lo que a nosotros nos exigieron y dimos.

Queremos que nuestros hijos tengan las más altas calificaciones en la escuela, que sean ordenadísimos, que sean genios de las matemáticas o deportistas estrella. Pero si hacemos una somera y honesta revisión retrospectiva de nuestra época de estudiantes, seguramente vamos a recordar que no éramos tan ordenados, ni tan estudiosos, ni tan deportistas, ni perfectos. Al menos yo, era "de término medio hacia abajo". Entonces, ¿por qué generar esa presión y expectativas sobre nuestros hijos? Quizás nuestro niño canta bien, ¡pero no es Andrea Bocelli, ni le interesa llegar a serlo! Le gusta el fútbol, ¡pero no es Messi! Baila bien, ¡pero no es Maddie Ziegler! Y en este afán de que el niño sea superdotado o la niña una gran artista, lo único que estamos generando en nuestros hijos es un estrés desmesurado e injusto.

Querer sacar lo mejor de ellos en todos los aspectos se entiende, pero lo mejor es no poner expectativas desmesuradas sobre sus hombros. Exigir y educar es fundamental. Pasarnos de la raya es fatal. Exigir más de la cuenta frustrará a tu hijo a tal punto que puede afectarle la vida considerablemente.

¿Qué dicen los expertos?

¡Mucho cuidado con el nivel de exigencia! ¿acaso eras tú el genio que quieres que sea tu hijo? Hay que exigir en su justa medida. Tanto peca el negligente que permite que su hijo haga lo que quiera como el que exige demasiado. Formar y educar no es fácil, pero hay que mantener la moderación a la hora de exigir.

Es muy común que lo papás instemos a nuestros hijos a mejorar. "Este semestre obtuviste C, el siguiente entonces vayamos por B". Hasta ahí podría no ser tan malo, dependiendo de cómo manejemos la situación. Pero instar no es lo mismo que "poner la vida en esa meta". Los expertos nos recuerdan que además de las notas, los niños suelen estar sometidos a una larga lista de peticiones: debes ordenar, debes comer, debes limpiar, debes estudiar, recoger tus cosas... Y a veces convertimos la etapa más bella y entretenida de la vida en un constante "deber".

Los padres tendemos a pensar que mientras más exigimos, más rendirán nuestros niños. En general, le dedicamos menos tiempo a felicitarlos por un logro que a exigirles. "Bien, pero ahora vamos por el próximo nivel". Seamos honestos, no es fácil ser flexible en cuanto a las expectativas que tenemos sobre los hijos.

Seguramente a ustedes les ha pasado muchas veces que escuchan a padres quejarse de lo poco que se esfuerzan las nuevas generaciones. "Ya no se exige como antes y los niños no hacen nada por conseguir sus metas, por avanzar", "Las nuevas generaciones son mediocres", "¡Uy! Se dejan vencer al primer obstáculo", "Si yo hubiera tenido tus posibilidades, ¡habría llegado mucho más lejos!". No son pocos los psicólogos y maestros de las escuelas que afirman que los padres tendemos a presionar demasiado a nuestros hijos en cuanto a su rendimiento. Sin embargo, no siempre nos detenemos a pensar si nuestras expectativas están a la altura de las capacidades de nuestros hijos y, sobre todo, de sus intereses.

Un amigo mío me contaba que pasó años buscando la mejor escuela para su hijo. Quería asegurarse que pudiera estudiar un par de idiomas y que fuera a un colegio de alto rendimiento para "garantizar" un ingreso más fácil a la universidad. Durante los primeros años el niño estuvo relativamente bien, respondía dentro de lo normal. Pero a medida que fue creciendo, se fue tornando rebelde, llegó a detestar la escuela y adoptó una actitud completamente adversa. Una vez que recurrieron a los especialistas y a terapias para ayudar a descubrir la razón de los problemas y cómo solucionarlos, se dieron cuenta de que, a pesar de que el niño era muy inteligente, no funcionaba con la rigidez y el nivel de exigencia de la escuela. Bastó cambiarlo a otra menos estructurada para que él olvidara sus ganas de abandonar los estudios. Hoy en día es un chico con notas sobresalientes, que practica deportes, se involucra en actividades, socialmente muy activo y disfruta la etapa de estudiante. Y es que por mejores que sean nuestros deseos, la presión no siempre es la mejor vía.

Los expertos aseguran además que el problema es que cuando los padres exigimos tanto en la parte académica, suele pasar que somos altamente demandantes en todo: horarios, orden, deportes, etc. ¡Queremos perfección!

El gran problema en todo esto es el resultado: mientras más obsesionados somos en nuestras demandas, más lejanos se vuelven los objetivos. Las metas para nuestros hijos se transforman en inalcanzables, creando frustración, enojo, tristeza y rebeldía. Lo más probable es que nuestro hijo o hija se convierta en una persona insegura y con baja autoestima. Está comprobado que ese tipo de conductas es el camino que también conduce a la ansiedad, la depresión, las fobias, la falta de espontaneidad, de capacidad para socializar y, muchas veces, al abandono de la escuela y a la pérdida de todo interés. ¿Eso queremos para nuestros hijos?

No podemos hacer sentir a nuestros retoños que nuestro amor es proporcional a su desempeño escolar, a lo bien que se portan o a su talento. Nuestros hijos deben estar claros que, si bien su tarea es responder en la escuela, disciplinarse y organizarse para avanzar en la vida, nuestro cariño va más allá de eso y que está garantizado. Se trata de que ellos se acoplen y descubran sus fortalezas, las vayan desarrollando con nuestra ayuda y apoyo, pero en ningún momento sientan que si no superan las metas, son inútiles y nos decepcionan.

¿Cuánto es demasiada exigencia?

La primera recomendación que dan los expertos es conocer bien a nuestro hijo y sus características, pues cada niño es diferente. Aseguran que si observamos que necesitamos estar encima de nuestros hijos para que puedan cumplir una tarea, quizás quiere decir que estamos exigiendo demasiado. El nivel de exigencia debe permitir que nuestro hijo sea autónomo al momento de llevar a cabo su meta. Atención: no es lo mismo "obedecer" que ser "autónomo" respecto a las responsabilidades. La obediencia no le servirá toda la vida para llevar a cabo sus propósitos y objetivos, puesto que no siempre estará —ni debe estar— bajo vigilancia.

Los psicólogos Eleanor E. Maccoby y John A. Martin plantean que hay cuatro tipos básicos de crianza: **negligente**, **permisivo**, **autoritario** y **autoritativo**[4].

*Un padre **negligente** tiende a soltar las riendas en exceso, otorgando permiso para hacer lo que sus hijos quieran pero sin brindarles un marco de apoyo.

*Uno **permisivo** puede ser tremendamente receptivo, muy indulgente y deja pasar muchas situaciones que a cualquier otro padre le pondría los nervios de punta. Ceden fácilmente a las demandas de sus hijos, pues no son amantes de la confrontación. A diferencia de los padres negligentes, uno permisivo sí le presta apoyo a su hijo.

*Mientras los **autoritarios** exigen por control, dan órdenes, son altamente demandantes y poco receptivos. Premian la obediencia y castigan la desobediencia y, con facilidad, pueden rayar en el abuso.

*Un papá **autoritativo** en cambio, si bien impone límites, lo hace de manera más compasiva, considerando las necesidades e inquietudes de su hijo, y, sobre todo, valorando su independencia. Por más firmes que sean sus normas y aun castigando si lo considera necesario, mantiene una relación de comunicación más abierta conforme a las características de su hijo para que realmente pueda rendir conforme a su naturaleza. No en vano, los psicólogos suelen asegurar que es el estilo de crianza más efectivo, y hacia esa dirección donde deberíamos apuntar.

No es fácil lograr el punto de equilibrio perfecto, pero quienes tienen la experiencia en cuanto al comportamiento infantil aseguran que, cuando la exigencia está de acuerdo a las capacidades e intereses de nuestro hijo y lo animamos en la tarea o meta que se proponga, puede tener un buen rendimiento, con muchas probabilidades y ganas de mejorarlo.

Cuestión de hábito

¿Qué tanto se debe delimitar? Difícil pregunta, y más complicada aún es la respuesta. La educación de nuestros hijos no es una ciencia exacta. Como repito constantemente en este libro y me repito a mí mismo cada día: la meta es poner el alma y hacer lo mejor posible, con las mejores intenciones y utilizando las mejores herramientas posibles, intentando disminuir las probabilidades de error.

Está demostrado que si los padres no marcamos los límites, a medida que crecen nuestros hijos también van desarrollando problemas para integrarse en grupos porque no están acostumbrados a seguir reglas. Y esto trasciende aún más allá, pues ellos van creciendo con inseguridades, no desarrollan los conceptos de paciencia y tiempo para ver resultados en sus propósitos y suelen rendirse más fácilmente ante los contratiempos que se cruzan en su camino.

Para los expertos, los hábitos comienzan a crearse desde que son pequeños, y varían de acuerdo a la edad que tengan. Por ejemplo, algo tan básico como los horarios debe comenzar a crearse como hábito desde el primer día.

Tengo amigos con hijos muy pequeños, en edad preescolar, que se quejan del mal temperamento de los niños, las constantes peleas, los berrinches, etc. Pero llama la atención que, cuando me he encontrado con ellos por la noche paseando por ahí, los niños están despiertos incluso más allá de las once de la noche. Para un niño en edad preescolar ese horario nocturno es tremendamente contraproducente porque requiere descansar bien para crecer de manera normal. ¿Qué sucede entonces? Si no le formamos el hábito de acostarse temprano, con alguna rutina de lectura previa o música suave, cuando sea más grande seguramente será casi imposible organizar sus horarios. Lo mismo ocurre con el baño diario, la alimentación, el tiempo y los tipos de juego, deporte y actividades físicas, tareas, etcétera.

A medida que nuestros hijos crecen y vamos descubriendo su personalidad, temperamento y características, iremos viendo cuáles son las vías de comunicación más adecuadas, así como el tipo de motivación que necesitan para sumarse al sistema familiar que estamos construyendo sin sentirse obligados, sino naturalmente incorporados.

Según algunos psicólogos, en los primeros cinco o seis años, los niños aprenden cuáles son los límites que tienen y, más adelante, la exigencia, que no es más que el grado que se le pide según ciertos objetivos y lo que se espera de ellos. Y para eso los papás debemos intentar ser lo más objetivos posibles para no caer en lo que hablábamos anteriormente acerca de la sobreexigencia. Por ejemplo, si ya hemos visto que nuestro hijo o hija no es un genio en la escuela, entonces debemos acoplar ese nivel de exigencia a su realidad para no atormentarlo. Muchas veces no se trata siquiera de falta de capacidad sino simplemente de madurez. ¿Qué quiere decir esto? Que nuestro niño o niña puede que aún necesite un tiempo más para enfocarse en ciertas actividades, pero más adelante nos puede llegar a sorprender, demostrando más talento del que creíamos.

Recuerda que el método para sacar adelante los proyectos —la disciplina, el autocontrol, la coherencia—, que se desarrolla en los niños desde que son pequeños, es un proceso que requiere tiempo. Y a unos les demanda más que a otros.

Recompensas y castigos

Confieso que soy malo para castigar. No recuerdo haber castigado mucho a mis hijas, y si lo he hecho, ha sido enviándolas a su habitación o algo por el estilo. A mí me ha funcionado más demostrar autoridad. "Una más y te vas a tu habitación". Y si mi hija o hijo repite la falta, claro que se tiene que ir. Yo le doy mucha importancia al tema de la autoridad. Y la verdad, no creo en los buenos resultados de los castigos.

Hace un tiempo, cuando se desencadenaron actos de gran violencia y vandalismo en la ciudad de Baltimore, Estados Unidos, en protesta por la muerte del joven afroamericano Freddie Gray a manos de la policía, hubo un video que llamó la atención. Lo protagonizó una madre, que al ver por televisión que su hijo de dieciséis años era un encapuchado más entre los que agredían a los policías, lanzaban piedras, destrozaban automóviles y vandalizaban tiendas, se fue directo a buscarlo. La mujer se lanzó en picada contra su hijo y, a punta de cachetadas, empujones e insultos lo sacó del grupo, mientras era grabada por un camarógrafo que estaba en el lugar.

El video desató todo tipo de comentarios. Mientras el jefe de la policía de Baltimore alabó la acción por responsabilizarse del comportamiento de un hijo, otros criticaron que, como madre, actuara con tal violencia. Se puede estar de acuerdo o no con la forma como ella procedió, pero analizando el contexto y el momento, puedo llegar a entender la rabia, el miedo y hasta el pavor de esa mujer. Quizás no supo reaccionar de la mejor manera, pero "tuvo los pantalones" para actuar frente al "mal mayor". La mujer se horrorizó al imaginar que su único hijo hombre se pudiera convertir en otro Freddie Gray. En entrevistas con algunos medios, reconocía que su hijo no era perfecto, pero al fin y al cabo era su hijo, y ¿quién puede condenar su deseo de protección?

A veces las situaciones que protagonizan nuestros hijos parecieran superarnos y dejamos que la rabia del momento fluya. Y es en estos casos, precisamente, que resulta contraproducente reaccionar aplicando un castigo, porque puede llegar a ser desproporcionado, especialmente cuando se cree que una nalgada, un tirón de orejas o una bofetada no acarrean consecuencias lamentables.

Hay muchas corrientes de psicólogos, unas más vanguardistas que otras. Mientras unos aseguran que, ciertamente, una nalgada a tiempo evita males mayores, hoy en día son más quienes opinan lo contrario. Según algunos estudios de la Universidad de Konstanz en Alemania[5], el castigo físico a los niños provoca un daño psicológico que puede perdurar a largo plazo y generar más problemas de comportamiento. De acuerdo a la investigación, lejos de aprender a portarse bien, los niños muestran un efecto contrario. Realmente, la lista de consecuencias comprobadas es larga, desde acabar con la iniciativa de los niños, limitar su capacidad para resolver problemas, dañar su autoestima, motivarlos a no razonar sobre las situaciones, deteriorar la comunicación con los padres, etc. Y quizás la más tangible es que generalmente crea un modelo para resolver conflictos que se sigue reproduciendo a través del tiempo.

Sé que a veces para muchos de nosotros no es fácil, especialmente cuando enfrentamos situaciones de estrés y llegamos a casa donde tenemos un pequeño gladiador que nos cuestiona todo. Tampoco es fácil romper con un modelo de disciplina que heredamos de generaciones anteriores y que sigue justificando al menos cierto nivel de castigo físico, incluso como algo necesario. Pero se puede.

En mi caso, en esta materia prefiero escuchar a los expertos y respetar esos estudios que han mostrado que el resultado de este método disciplinario genera soledad, tristeza, abandono y crea un obstáculo mayor con nuestros hijos. Los psicólogos aseguran que el castigo definitivamente no enseña un código de cooperación con las figuras que representan la autoridad, sino que simplemente se genera una actitud que es de sometimiento a las normas o bien de transgresión y rebeldía.

Por otra parte, los padres no salimos ilesos después de castigar a un hijo, porque también está demostrado que desata ansiedad y sentimientos de culpa, aun cuando estemos convencidos de que tenemos la razón. Además, representa una doble moral, pues por un lado estamos pidiendo respeto a los niños, que no pueden ofender y menos aún, levantarle la mano a un adulto. Sin embargo, ¿los adultos a un niño, sí?

Rabietas, pataletas, berrinches...

Dicen que niño que no ha tenido una pataleta, no ha tenido infancia. Puede ser. En cuanto a personalidades hay todo un mundo, pero, en general, estas son parte normal del proceso de crecimiento y, sobre todo, son su forma de conocer hasta qué punto pueden dominar al resto.

Las rabietas, pataletas o berrinches suelen ocurrir entre el año y medio y los tres años, aproximadamente. Es lo normal, aunque en algunos casos, con niños de temperamento más fuerte, se dan hasta que son más grandes y suelen terminar cuando entran al colegio. Ya a esas alturas comienzan a tener un sentido del entorno social y no quieren dar un espectáculo en público.

Estas ocurren cuando quieren llamar la atención, cuando están frustrados o quieren algo al instante, a toda costa, y se enojan si no lo consiguen. El llanto, los gritos, tirarse al suelo, etc., forman un mecanismo reflejo a esa edad.

Para controlar una rabieta:

*No cedas. Poco a poco se irán dando cuenta de que no es una buena opción, siempre y cuando no te dejes embaucar por esos caprichos.

*Ten en mente que es todo un reto, pero que hay que armarse de paciencia, pues es parte del crecimiento.

*Establece claramente quién es el adulto y tiene el control, aun cuando esta rabieta dure más de lo que esperamos, sea en público y tengamos ganas de salir corriendo.

*Intenta ignorarla. En la mayoría de los casos, como la primera intención es llamar la atención, al ver que el objetivo no se logra, el niño cambia de actitud.

*Cuando el niño es de temperamento muy terco e insiste en gritar y patalear, intenta desviar su atención hacia otra cosa. Muchas veces, en los centros comerciales he visto a papás y mamás que dejan que griten por un par de minutos, mientras ellos parecen entusiasmados con otra actividad o vitrina. Al cabo de un rato, los niños se acercan a ver en qué están sus padres porque ven que el *show* no les está funcionando. Por supuesto que las personas presentes quisieran que los padres reaccionaran de otra forma y se llevaran a los niños, pero ni modo.

*Si tu hijo o hija es mayor, insiste en hablarle y explicarle con la mayor serenidad del mundo. Pregúntale por qué está tan molesto e intenta que se calme, que entienda la situación para que puedan manejarla, pero sin perder la calma en ningún instante. Si gritas a la par o te muestras fuera de control, habrás perdido la batalla.

Batallas entre hermanos

Como mencioné al principio, crecí con cinco hermanos, así es que conozco perfectamente cómo es la dinámica entre hermanos. Hay días en que todo es paz y armonía, y otros en que quisiéramos ser hijos únicos. Y eso lo veo diariamente con mis hijos, especialmente ahora que vivo con cinco y de edades tan distintas.

Mis hijas mayores, Celeste y Almendra, tienen casi un año de diferencia, por lo tanto crecieron a la par, con todo lo que eso implica. Aunque tienen personalidades completamente distintas, fueron cómplices en los juegos, con sus peleas normales, pero nada del otro mundo.

Con la llegada de mis hijos *foster* las cosas cambiaron un poco. Llegaron muy pequeños, de dos y tres años, después de un período de muchos cambios que obviamente afectan a cualquier ser humano, más aún a esas edades. A medida que han ido creciendo, también han desarrollado sus temperamentos y cada quien tiene sus artimañas para llamar la atención. Eso, más las edades en que están los dos grupos —mis hijas adolescentes por un lado y ellos, más jóvenes, por el otro— , ha creado momentos de fricción, pues unas quieren más privacidad y espacio, y los otros, en pleno crecimiento, tienen una energía a prueba de todo.

Por mi experiencia como hermano mayor de una familia numerosa, sé que no hay problema que con paciencia y una buena dirección no se pueda resolver. A continuación proporciono algunos puntos clave para mantener la calma en casa entre hermanos.

• Mantener un buen ambiente familiar evitando discusiones innecesarias, tratando de estar siempre de buen humor frente a los niños, hablando con respeto y promoviendo una atmósfera sana.

• Motivar a nuestros hijos a que, independientemente de las diferencias, nos tratemos con cariño unos a otros, sin comentarios o palabras que puedan ofendernos.

• Permitir y fomentar que cada uno se exprese, especialmente en cuanto a cómo se siente.

• Dedicarles un tiempo a cada uno por

separado. Si bien hay actividades familiares, grupales, es importante dejar esos espacios que hagan que cada quien se sienta tomado en cuenta y especial.

• Promover en ellos valores tan importantes como compartir y, al mismo tiempo, respetar el espacio y los bienes de los demás. Si bien es cierto que juntos pueden disfrutar compartiendo sus juguetes, deben saber que hay cosas y ambientes personales que deben ser respetados. Eso es parte de la vida familiar.

• Evitar las comparaciones entre ellos y las calificaciones que no aportan valor. Por ejemplo: el enano de la casa, la flaca, el perezoso, etcétera.

• Destacar cada vez que veas que la armonía entre ellos reina en el hogar. Cada vez que puedo, les muestro a mis hijas mayores un video que filmé con mi teléfono donde están cargando en brazos a sus hermanitos, bailando y riendo felices por la casa. Eso les recuerda esos momentos tan especiales y a mí me refuerza que todo lo demás es insignificante frente a espectáculos como ese.

¿Qué hay de las recompensas?

Estaba convencido de que estaba actuando maravillosamente bien al ofrecer a mis hijos "recompensas" para motivarlos a portarse bien. Pero en una oportunidad, se me ocurrió proponerle a mi hija Almendra un regalo por cada buena nota que me trajera de la escuela. ¡Y terminé comprando casi un regalo diario! Hay que tener cuidado con eso, y no solo por lo costoso que te puede salir, sino porque ¡un niño no puede sacar buenas notas solo porque le vas a comprar un juguete! Es parte de sus responsabilidades hacer lo mejor que pueda en la escuela para cumplir con sus deberes.

Después me di cuenta de lo que dicen los expertos sobre lo importante que es definir entre lo que son las responsabilidades de un niño y cuáles son esos esfuerzos extras que uno puede premiar. Y a veces el límite es una línea muy fina. Algo que jamás puede quedar en juego como "recompensa" es nuestro cariño hacia ellos. Los niños no deben sentir que los amamos solo si son buenos o cumplen nuestros parámetros. El amor debe sentirse siempre tal y como es: incondicional.

Según los expertos, las recompensas no son más útiles para incentivar los logros a largo plazo y menos para promover buenos valores. Peor aún, las investigaciones según ellos, demuestran que en el fondo, el castigo y las recompensas no son métodos opuestos, sino dos caras de la misma moneda. Se trata de dos estrategias que intentan manipular el comportamiento de alguien, lograr cierta complicidad con un objetivo, pero que es netamente temporal y por interés de obtener un beneficio o premio, no por convicción.

Si a pesar de esta lógica tu forma de disciplinar incluye recompensas, los propios expertos sugieren que lo hagas de acuerdo a la edad de tus hijos. Por ejemplo, una forma de premiar el buen comportamiento de un niño más pequeño puede incluir compartir con él en el parque unos minutos extra, dejarlo jugar un poco más con los amiguitos, contarle un cuento más antes de dormir, quedarse el fin de semana media hora más tarde para realizar un plan familiar, como una película, o actividades de este tipo.

Para niños un poco más grandes, de entre seis a doce años por ejemplo, puede ser tiempo extra para patinar con sus amiguitos en el parque, jugar quince minutos más su juego de la Internet favorito, ir juntos a un partido de su equipo de fútbol u otro deporte que le guste, salir a comer un helado o una pizza a media semana, crear un proyecto de pintura o decoración para su cuarto o actividades similares.

Y para el complicado caso de premios para un adolescente, bueno, sugieren actividades como permitirle alguna salida con sus amigos de escuela, en un lugar seguro y de la forma en que te sientas cómodo. También puede ser enseñándole a conducir, salir a un paseo juntos, o tiempo extra para sus charlas por Internet o escuchar su música favorita. En general, todo depende de la personalidad de tu hijo o hija y en qué momento de esa etapa se encuentre.

Hay expertos y padres que sugieren usar el sistema

de "acumulación de puntos" para ganar ciertos privilegios. Les van dando puntos por buen comportamiento y se los quitan cuando no cumplen. Cuando acumulan cierta cantidad, los "cambian" por alguna recompensa. No todos están de acuerdo con estos sistemas, pero si te funciona, entonces ¿por qué no?

Recomendaciones de los expertos

*Acción y reacción… Causa y efecto. Por cuestión de lógica, enseñarles a nuestros hijos, desde temprana edad, que cada acción tiene su reacción y que para cada causa hay un efecto, puede ser mucho más efectivo y, a la larga, duradero.

*Es recomendable dejar que ciertas situaciones o faltas que no sean tan dramáticas sigan su curso sin crear todo un problema. Se asegura que pasar por la experiencia que haga a los niños ver la consecuencia de un descuido, por ejemplo, les enseñará a evitarlo. Por ejemplo, si tu hijo olvida la merienda en casa, no corras al colegio a llevársela ni lo regañes. Este olvido tendrá una consecuencia —sentirá hambre— que le hará comprender que si no pone atención a esos detalles, volverá a pasar hambre en la escuela. ¡Así lo hice con mi hija Almendra varias veces! Y funcionó.

*Es recomendable observar el reglamento, el código, con nuestros hijos. Por ejemplo, podemos tener como regla no usar el teléfono después de las siete de la tarde. Pero un día puedes estar cansado y no quieres pararte para ir por octava vez a pedirle el teléfono a tu hija que sigue hablando con las amigas. ¿Qué sucede? ¡Tú mismo contradices tu autoridad! Por eso, si ya hemos puesto una regla, intentemos cumplirla, salvo que la lógica o una situación particular nos obligue a modificarla.

*Es recomendable imponer las sanciones, o lo que tengamos como consecuencia, pero hacerlo en forma proporcional y lógica. Suele ocurrir que en medio de la rabia o enojo del momento podemos imponer restricciones que son realmente imposibles de cumplir. Por ejemplo, "te quedas sin celular por el resto del año". ¡Y a los quince días nosotros mismos olvidamos lo que dijimos o terminamos cediendo por necesidad! Entonces, en ese momento perdemos autoridad. Si le quitamos el celular, es preferible hacerlo por el fin de semana o unos días y cumplir hasta el final.

Otras lecciones a tener en cuenta

Sobreprotección. Como en todo orden de cosas, los extremos suelen ser tóxicos. Y si bien la indiferencia y falta de cuidado de nuestros hijos termina en negligencia, la sobreprotección tampoco es muy buena que digamos.

Sobreproteger a nuestros hijos los hace muy dependientes. Si eres el tipo de papá que suele disculparlo con el profesor por la tarea que no llevó, por lo mal que le fue en un examen, etc., créeme que al parecer no estás haciendo bien tu trabajo. Si no hizo la tarea, es mejor que asuma su error y acate las consecuencias en un par de ocasiones, a que se acostumbre a ser "disculpado" en su falta. Según los expertos, sobreproteger a veces termina haciendo daño, pues forma hijos inseguros, incapaces de tomar decisiones, de afrontar dificultades y con baja autoestima.

Elimina los mensajes dañinos. Es mejor dar la vuelta a cualquier situación y reforzar lo bueno, lo positivo, lo que está en alza en nuestro hijo, que atacar sus debilidades. Especialmente cuando estamos molestos, debemos tener esto muy en cuenta para no herir. Comentarios como "yo sabía que no ibas a cumplir", "eres torpe", "me defraudaste", "otra vez te equivocaste", pueden ser mensajes terriblemente dolorosos y determinantes en un niño. Es mejor esperar a que pase el momento, que baje la rabia antes de expresar ideas que seguramente nos pueden costar caro.

Mantener la constancia. Muchas veces los papás fallamos simplemente porque nos dejamos llevar por el estado de ánimo para educar y disciplinar. ¡Y el ánimo cambia! Así, un día estamos muy conectados con la idea de la disciplina, el orden y somos muy estrictos. Pero luego estamos más cansados, no tenemos ganas y bajamos la guardia, llegando a ser ultrapermisivos. Esa falta de constancia puede ser el peor mensaje para tu hijo. Los adultos somos nosotros y debemos intentar ser racionales y objetivos en todo momento.

Evitar las comparaciones. Somos dados a comparar una cosa con otra. Pero te cuento que los hijos no deben caer en ese juego, menos si se trata de comparaciones entre hermanos, primos o amigos. Cada cual tiene sus características, fortalezas y debilidades, y hacen parte de la persona. Según esta premisa, debemos educarlos para que crezcan seguros de sí mismos. No hay nada más doloroso que sentir que nuestros padres hubieran querido a alguien distinto de hijo o hija. O que alaben las destrezas de otro y no las nuestras. Eso marca para siempre.

No adelantarse etapas. Por más *cool* que queramos ser con nuestros hijos, no debemos empujarlos a hacerse más grandes antes de tiempo. En ciudades como Miami es muy común ver a niñas muy pequeñas vestidas o casi disfrazadas de mujeres. Lo mismo sucede a veces con los niños. Además de ser muy peligroso, pues los exponemos a situaciones que no les corresponden, estamos arrebatándoles su infancia. Siempre es bueno explicarles por qué es mejor esperar y no adoptar comportamientos de adulto. Tiempo al tiempo.

Controla esa boca

Si bien es cierto que los castigos físicos dejan huella en el cuerpo y en el alma, las palabras hacen lo mismo, especialmente cuando se profieren en forma de gritos y ofensas. Cuando vemos a padres gritando a sus hijos, incluso en público, es imposible no pensar ¿qué pasará con esas familias puertas adentro?

El daño psicológico que las palabras ofensivas y los gritos ocasionan en nuestros hijos es tremendamente nocivo, pues causan temor, los paralizan. Y lo peor de todo es que, en general, no logran ningún resultado positivo: no solucionan ni arreglan nada, ni logran entendimiento alguno.

Según los expertos, gritar es una muestra de falta de control, por lo tanto, disminuye nuestra imagen de autoridad frente a nuestros hijos. Y si el problema que llega a los gritos se originó por falta de manejo de una situación, esto empeora, pues la influencia sobre nuestro hijo se debilita y genera que pierda la confianza en nosotros. Para colmo de males, los niños que reciben gritos durante su infancia suelen ser más agresivos a partir de la adolescencia.

Antes de dar el primer grito hay que **respirar.** Suena hasta ridículo, pero respirar larga y pausadamente por unos minutos hace que la adrenalina baje y logremos controlar nuestras emociones. Nada va a cambiar si esperamos un minuto o dos simplemente respirando pausadamente.

Ponernos en el lugar de nuestro hijo o hija. ¿Te acuerdas cuando estabas del otro lado? ¿Recuerdas cómo te ponías cuando sabías que habías cometido una falta y venían las consecuencias? Pues trae ese momento a tu mente y piensa cuánto habrías dado porque tu padre se pusiera en tu lugar por un segundo. ¡Son niños, no adultos! Están en proceso de crecimiento, de aprendizaje. No pierdas nunca esa perspectiva.

Poner en la balanza la situación. Hay cosas y cosas. Un desorden en la habitación es una cosa, romperle la cara a un compañero es otra muy distinta. Analiza con objetividad qué tan grave es la situación para que intentes mantener tu reacción en correspondencia con la gravedad del caso. No armes un drama donde no lo hay.

Escuchar sus argumentos. No importa cuán grandes o pequeños sean tus hijos, ellos también tienen su lógica, y sus actos están determinados por algo que los impulsa. Es posible que estén pasando por un conflicto interno y ¡ni siquiera lo imaginamos! Un amigo me contaba que su hijita de cuatro años perdió las ganas de ir a la escuela de un día para otro, tenía pesadillas y hacía berrinches cada vez que la dejaban en el jardín. La niña estudiaba en un preescolar religioso y el padre no entendía qué había pasado. Durante varios días intentó averiguar lo que le pasaba, pero ella no hablaba del tema, solo se portaba mal, en forma completamente distinta a como lo hacía antes. Cuando al fin logró que comenzara a expresarse, la niña contó que durante Semana Santa habían visto una película en la que una persona sufría mucho, había sangre y mucha gente lloraba. Pues resulta que habían llevado a todos los estudiantes a ver una de las versiones de la pasión de Cristo, y como los niños más pequeños suelen aburrirse y ponerse a jugar, los maestros encargados asumieron que no habían puesto atención a la película. Entonces, según ellos, no había problema.

La mayoría no se percató de las imágenes, pero ella sí y le afectaron mucho. Su comportamiento tenía una razón de fondo que había que ponerle atención y tratar. Cada niño tiene su nivel de sensibilidad y atención. Siempre hay que escucharlos.

Reconocer nuestras imperfecciones. Como lo digo constantemente, el ser papás no nos hace intachables. Podemos equivocarnos y no tenemos por qué saber todas las respuestas, pero podemos buscarlas, informarnos y aceptar nuestra vulnerabilidad ante nuestros hijos. Mientras más humanos nos mostramos, tanto más humanos se formarán también ellos.

No te desanimes: de los errores se aprende

Seguramente en este momento intentas procesar toda la información y tratar de aplicarla lo antes posible. Tómalo con calma, esto es un proceso lento. Créeme que muchas veces también he perdido la paciencia, los he regañado más de la cuenta y no he sido consistente en lo que digo, y —no pretendo justificarme— es humano equivocarse. Ser papá no es una carrera de cien metros planos, es más bien un maratón que está lleno de momentos de debilidad, de frustraciones y de algunos aciertos. Lo importante es dar lo mejor; los hijos al final valorarán tu esfuerzo y tu dedicación más allá de lo perfecto que puedas ser. Ser papá es una aventura fascinante que tiene como principal objetivo ayudar a que tus hijos sean felices y se sientan queridos, más allá de los logros alcanzados.

Para reflexionar...

El cofre de oro (Autor desconocido)

Había una vez un anciano que había perdido a su esposa y vivía solo. Trabajó duro la mayor parte de su vida, pero las desgracias lo habían dejado en bancarrota, y ahora era tan viejo que ya no podía trabajar.

Sus manos temblaban tanto que no podía enhebrar una aguja, y tenía la visión borrosa, demasiado para hacer una costura recta. Tenía tres hijos, pero ya estaban casados y estaban tan ocupados con su propia vida que solo tenían tiempo para cenar con su padre una vez por semana.

El anciano estaba cada vez más débil, y los muchachos lo visitaban cada vez menos. "No quieren estar conmigo ahora", pensó, "porque tienen miedo de que me convierta en una carga para ellos".

Pasó una noche en vela preguntándose qué sería de él sin la ayuda de sus hijos. Por fin se le ocurrió un plan. A la mañana siguiente, fue donde su amigo el carpintero y le pidió que le armara un gran cofre. Luego fue al cerrajero y le pidió que le diera una cerradura vieja. Por último, se dirigió al vidriero y pidió todos los pedazos de vidrio roto que tuviera.

El anciano tomó el cofre, lo llenó hasta el borde con vidrios rotos, lo cerró y lo puso bajo la mesa de la cocina. Cuando sus hijos fueron a cenar, lo tocaron con sus pies.

—¿Qué hay en ese baúl? —le preguntaron, mirando debajo de la mesa.

—Oh, nada —respondió el viejo—. Solo algunas cosas que he guardado.

Sus hijos lo empujaron y vieron que era muy pesado. Le dieron patadas y escucharon un tintineo.

—Debe estar lleno de oro que el viejo ha guardado en los últimos años —le dijo al oído uno de ellos a su hermano.

Comprendieron que debían custodiar el tesoro. Decidieron turnarse para vivir con el viejo, para que pudieran verlo también. La primera semana, el hijo menor se mudó a casa de su padre, cuidó de él y le cocinó. Una semana después, el segundo hijo le sucedió, y la semana siguiente fue el más grande. Así continuó durante algún tiempo.

Por último, el anciano padre se enfermó y murió. Los muchachos le dieron un bonito funeral, a sabiendas de que una fortuna los aguardaba bajo la mesa de la cocina y podían permitirse un gasto grande con el viejo. Cuando la ceremonia terminó, registraron la casa para encontrar la llave y abrieron el baúl. De hecho, lo encontraron lleno de vidrios rotos.

—¡Qué vil truco! —gritó el hijo mayor—. ¿Cómo pudo ser tan cruel con sus hijos?

—Pero, ¿qué podía hacer? —preguntó tristemente el segundo hijo—. Seamos francos. Si no hubiera sido por el cofre, lo hubiésemos descuidado hasta el final de sus días.

—Estoy avergonzado de mí mismo —sollozó el hijo menor—. Obligamos a nuestro padre a rebajarse al engaño, porque no observamos el mandamiento que él nos enseñó cuando éramos niños —el hijo mayor se volvió al cofre para asegurarse de que no hubiera objetos de valor escondidos debajo de los pedazos de vidrio.

Los tres hermanos miraron en silencio el interior y leyeron una inscripción que el padre había dejado dentro: "Honrarás a tu padre y a tu madre".

MORALEJA

Todo lo que queramos transmitirle a nuestros hijos, lo que anhelemos para ellos a futuro, la diferencia entre el éxito o el fracaso, sus principios, sus valores, el papel en la vida, el aporte a la sociedad, cómo serán con nosotros, qué tan felices los visualicemos. En fin, todo comienza desde el primer momento.

CAPÍTULO VI. *Decirlo en positivo no cuesta nada... ¡es gratis!*

A ver si respondes con honestidad... ¿Eres del tipo de papá que se alegra con la estrella que le dieron en la escuela por buena conducta a tu hijo o aquel que se fija en que a otros niños les dieron tres estrellas por buena conducta, aprenderse las letras y los números?

Dicen los expertos que una de las manías más comunes que tenemos los padres es la de destacar siempre lo negativo, por sobre lo positivo. Es decir, con respecto a nuestros hijos, tendemos a ver el vaso medio vacío y no medio lleno. Incluso, algunos papás lo hacen como una "medida de precaución" para que el niño o niña no se relaje y así pueda rendir más. Bien, pues todo indica que esta creencia está tremendamente errada y va directamente al fracaso.

Cuando insistimos en lo negativo o las fallas que puedan cometer nuestros hijos, ellos reciben el mensaje de que no importa cuánto se esfuercen, da igual, ya que nunca será suficiente para que reciban nuestro reconocimiento y nos sintamos orgullosos de ellos. Pueden llegar incluso a considerarse inútiles, buenos para nada, echando por tierra cualquier indicio de iniciativa o ganas que puedan tener de hacer las cosas.

¡Es tan distinta la sensación que procesan cuando resaltamos las grandes o pequeñas satisfacciones que nos dan y sus logros! Motivar a nuestros hijos a cumplir con las normas, con la escuela, con todo lo que tiene que ver con su aprendizaje es muchísimo más didáctico y efectivo si reforzamos los aspectos positivos.

Y esto de estar en "modo positivo" va más allá de destacar sus acciones. Durante los últimos años, los libros de autoayuda y motivación han puesto de moda el pensamiento positivo. Suena facilísimo pero en el día a día no siempre lo es. Estamos rodeados de un ochenta por ciento de pensamientos y mensajes negativos, desde las noticias de la televisión a los comentarios cotidianos: la llave del baño que se daña, el señor que se cruza y nos quita el estacionamiento en el centro comercial, problemas en el trabajo, etc. Y aunque no lo creas, todo eso también repercute en nuestros hijos. Por eso, los psicólogos recomiendan que nuestros actos y actitud también tengan esa connotación positiva.

Está comprobado que los niños que crecen escuchando de sus padres comentarios depresivos o negativos sobre los demás, sobre el sistema, la política, el país, los gobernantes, los maestros, los compañeros de trabajo, los vecinos, etc., o mensajes como 'no se puede confiar en nadie', 'no tengo dinero', 'la economía es un desastre', etc., tienden a repetir esa conducta. Por el contrario, animar a nuestro hijo a soñar, ilusionarse con un mejor mañana, con propósitos y metas loables abre su mente y alimenta ese "modo positivo", bajando las posibilidades de cuadros depresivos durante la adolescencia.

Sé que es más fácil decirlo que armarse de valor cuando la vida nos da con la puerta en la cara más de una vez, pero créeme que tanto para ti como para tu hijo, vale la pena el ejercicio de intentarlo. Siempre será mejor compartir una comedia en familia que una serie policial, participar en un juego juntos que apartarlo por exceso de preocupaciones, leer un libro y comentarlo que dejarlo que se entretenga con su tableta... Y siempre será mejor que nos mordamos la lengua antes de lanzar una grosería contra alguien que pueda marcar a nuestro hijo.

Automotivarnos para motivar a quien más nos importa podría ser la tarea más valiosa de nuestra vida.

El poder de la Programación Neurolingüística

Imagino que has escuchado hablar muchas veces de la Programación Neurolingüística o PNL. Se trata de un sistema que ayuda a alcanzar metas a través de mensajes positivos con dinámicas y actividades. Eso en palabras simples, pero existe toda una metodología para lograrlo a través de los cinco sentidos. Y este modelo de aprendizaje resulta tremendamente beneficioso para los niños, especialmente cuando se utiliza desde que son pequeños.

Tal como lo comentaba anteriormente, está comprobado que es mucho más efectivo cuando nos concentramos en enfatizar en nuestros hijos lo positivo que sus errores o falencias. Es como abrirles un universo de opciones frente a ellos por donde avanzar.

Un ejemplo clásico de cómo funcionamos al destacar lo negativo es cuando nuestro hijo nos pide algo como una computadora nueva y nuestra respuesta es "no tenemos dinero". Esa respuesta que parece simple es completamente negativa. En PNL el mensaje siempre irá en positivo: "eres un niño brillante, muy inteligente. Vamos a buscar la mejor opción para ti en computadoras para que le saques el mejor provecho". Puede que tengan que esperar un año para comprarla, pero mientras tanto tu hijo o hija estará concentrado en lo brillante que es. O en vez de decir "No desordenes tus juguetes", di "¿Organizamos tu caja de juguetes? Así es más fácil encontrar lo que quieres" o "Sé que te encanta ordenar tus cosas para saber dónde están".

La PNL contiene distintas formas como videos, juegos e historias enfocadas en enseñar cómo darle la vuelta a una situación y convertir ese traspié en una oportunidad de crecimiento. Hoy en día son muchos los padres que en su intento de mejorar en su labor terminan convirtiéndose en expertos en este sistema, aunque tampoco tienes que terminar siendo un conferencista sobre el tema. No tienes para qué llegar a tanto, pero si puedes informarte un poco al respecto, te lo recomiendo. Aunque si al menos logras evitar esas frases negativas, habrás logrado un gran avance.

Fomenta el valor en tus hijos

Recuerdo cuando mi hija Almendra cumplió seis años y quise hacerle sentir que su cumpleaños era un evento de gran importancia para todos, casi un suceso mundial, ya que ella era una persona muy especial. Salí al aire, como todos los días, en el programa de televisión que conducía en vivo a todo el país y llamé a mi casa para que pusieran a mi hija frente al televisor. Cuando llegó mi segmento de noticias, terminé diciendo: "Y para finalizar, una notica de gran importancia para todo el planeta. Mi hija Almendra hoy cumple seis años. Querida hija, el mundo celebra hoy tu día. Un beso grande". Ella quedó muy sorprendida ¡y convencida de que su cumpleaños era de importancia planetaria!

Llevo años leyendo y buscando técnicas y tips de superación personal y mejoramiento en todo sentido, y una de las más sencillas y poderosas que he encontrado es la de "los 30 segundos". ¿En qué consiste? De acuerdo al experto en liderazgo John C. Maxwell, al establecer un diálogo con cualquier persona, debemos darle valor en los primeros treinta segundos de la conversación. Por ejemplo: "¡Buenos días, María! ¡Qué bonito vestido llevas hoy!", "Hola, Juan, ¡excelente el proyecto que me enviaste! Ya hablaremos". Bueno, los hijos no son una excepción para esta técnica, al contrario, deben ser nuestros primeros beneficiarios.

Aplica la ley de los treinta segundos con ellos y siempre que saludes a tu hijo o hija dile algo que le dé valor. "¡Cuánto has crecido!", "¡Qué disciplina estás teniendo con el deporte! ¡Admiro esa constancia en ti!", "Leí tu reporte de inglés, ¡qué bien escribes, hija!", "Veo que estás comiendo muy saludable, ¡felicitaciones! ¡Debes sentirte lleno de energía!". No te imaginas la gran diferencia que estarás haciendo en la vida y en la autoestima de tu hijo o hija con esta sencilla técnica.

Felicítalo en vez de castigarlo

¿Quieres mejores resultados? Entonces, en vez de llamarle la atención, ¡felicítalo! Seguramente estarás pensando "este tipo ¡se volvió loco!". Pero esto tiene estrecha relación con lo anterior. Ahora te explico por qué.

Mi hija Nevaeh tiene un carácter difícil. ¡Bien difícil! Especialmente cuando ella y sus hermanitos recién llegaron a casa, peleaba constantemente con su hermana menor. Era una competencia permanente por captar nuestra atención y afecto. Hasta cierto punto es comprensible, considerando que la gran mayoría de niños en el sistema *foster* experimentan desde muy pequeños carencias afectivas debido a los cambios de hogar.

Al principio, cada vez que ella le pegaba a su hermana menor, le llamaba la atención, la dejaba en su habitación y la castigaba. Pero seguía sucediendo una y otra vez. Parecía que ninguna de mis técnicas tenía algún efecto en ella. Las peleas persistían.

Un día, se me ocurrió cambiar la estrategia. Después de pasar un par de horas sin pelear, la felicité frente a todos en casa. Ella me miraba extrañada. Le dije que estaba muy orgulloso de que ya no peleara con su hermana, y que incluso la cuidara. Obviamente, ¡quedó fascinada! Y comenzó a probarme lo bien que se seguía portando, especialmente, porque así ¡captaba más mi atención y afecto que peleando! Las felicitaciones siguieron y las peleas disminuyeron cada vez más.

El reforzamiento de las conductas positivas es tanto o más importante y eficaz que el castigo por el comportamiento equivocado, pues centramos la atención en lo correcto, en lo constructivo. Y esto, con el tiempo, va definiendo también la percepción que tienen de ellos mismos y su personalidad.

Reconocer ese buen comportamiento no tiene que ver necesariamente con regalarles algo o premiarlos con algo material. Si optamos por esto, puede ser, por ejemplo, con su postre favorito, o ver juntos una película de estreno. Detalles que les hagan sentirse bien. Aunque lo más efectivo para sentir ese reconocimiento son las palabras y el afecto directo: un comentario y un abrazo suelen funcionar mejor que cualquier cosa.

Reconoce los pequeños logros

A principios del año escolar, Nevaeh —la protagonista de la historia anterior— llegaba cada día de la escuela con un reclamo de su maestra por mal comportamiento con sus compañeros. Peleaba constantemente en el colegio y les pegaba a sus compañeros. La maestra me decía: "Esta niña no tiene buenos modales, no hay cómo controlarla". Honestamente, eso me estresaba mucho, pues si bien pensaba que ella también era víctima de las circunstancias que le ha tocado vivir, ¡no sabía cómo controlarla! Paula y yo hablamos con ella y tratamos de convencerla de portarse bien. Cuando volvió a llegar su registro de notas, vimos que pasó de una I, de insuficiente, en conducta a una E, de excelente. De inmediato, para asegurarme, ¡llamé a la maestra para preguntarle si no se trataba de un error! Pero no, simplemente había tenido un cambio notable, tal como había sucedido en casa con su relación con la hermana más pequeña.

Cuando llegó del colegio, de inmediato la felicité y la llevé a comprar algo que ella quería. Si esos pequeños logros son gratificantes para ti como padre, ¡imagina lo que pueden ser para tu hijo cuando sienten que los valoras! Lamentablemente, a veces, por las preocupaciones diarias y el exceso de responsabilidades, no les prestamos suficiente atención a nuestros hijos y las peleas o actos de rebeldía que manifiestan son la única forma de llamarnos a terreno.

En definitiva, ¡intenta felicitar a tu hijo por lo que quieres que haga, antes de que lo haga! Ese voto de confianza le dará la motivación necesaria para lograr el objetivo y conseguir que las felicitaciones formen parte de su rutina.

El que fracasa, triunfa

Uno de mis pasatiempos favoritos es leer biografías de grandes personajes que han pasado a la historia. Lo que más me atrae de sus vidas es conocer cómo, en la mayoría de los casos, sus victorias no han sido solo producto de su inteligencia, suerte o apoyo financiero, sino gracias a la perseverancia que tuvieron, especialmente tras sus caídas.

Uno de los ejemplos más conocidos e impresionantes es el de Tomás Alva Edison. Su invención del bombillo eléctrico ¡cambió el mundo! La noche dejó de ser sinónimo de oscuridad, extendiendo la vida activa y productiva. Nadie discute su aporte a la civilización. Sin embargo, ese gran descubrimiento no ocurrió de un día a otro. Edison debió realizar miles y miles de intentos, con miles y miles de fracasos antes de tener el primer éxito. Incluso, debió enfrentar el incendio de su pequeño laboratorio en el ferrocarril de la *Grand Trunk*, que además le costó una paliza por parte del maquinista, que lo dejó sordo de un oído para siempre. Pero, ¿qué hizo él? Después de cada tropiezo, de cada traspié, de cada despido en los trabajos, encontró el lado positivo y continuó intentándolo, transformando los errores en aprendizaje. De esa forma terminó inventando el teléfono, el fonógrafo, el cinematógrafo, la electricidad, entre tantas cosas que marcaron la gran base de la tecnología y lo convirtieron en uno de los grandes genios de la historia. Fue perseverante.

Y es que el gran secreto en la vida para llegar donde queremos está en perseverar. Eso es lo que cada día intento instilar en mis hijos. Naturalmente nuestra intención es brindarles siempre las mejores condiciones y herramientas para que se desarrollen, se eduquen y sean felices. Pero ni siquiera nuestro mejor esfuerzo es garantía de nada. Existen miles de situaciones que no podemos manejar, desde eventos sociales, cambios políticos, temas de salud, azotes de la naturaleza... En fin, siempre la vida nos puede sorprender y acabar con nuestro plan. Lo único inmutable es ese poder interno, esa fuerza de voluntad que nos permite mirar hasta el peor panorama y encontrarle el lado amable con tal de seguir adelante.

Para mí, la perseverancia es el mayor capital con que contamos. Por eso me importa tanto que mis hijos aprendan a contar con esta como su bien más preciado. Y para eso cada día me propongo ponerla a prueba con mis hijos, perseverando incluso en aquellas situaciones en que siento resistencia de parte de ellos. ¿No están muy seguros de querer levantarse un sábado a hacer ejercicios? Persisto en convencerlos y demostrarles los beneficios. ¿Preferirían comer comida chatarra que vegetales y algo saludable? Persisto en darles un buen ejemplo. ¿No quieren que esté tan preocupado de sus amistades y de lo que hacen? Persisto en demostrarles que estoy ahí siempre, pendiente y al cuidado de ellos.

Para llegar a la meta que queremos, necesitamos de una gran cuota de perseverancia. Y esa es la ruta que sigo.

Enseña a elegir el cristal

Imagino que te pasa como a mí, pues no termino de sorprenderme y maravillarme de la inmensa responsabilidad que tenemos en nuestras manos con nuestros hijos. ¡Es verdaderamente impresionante! Nuestra labor como papás es mucho más potente que la profesión mejor pagada que alguien pueda tener. De lo que ellos ven en nuestro ejemplo, a través de nuestra imagen y lo que escuchan de nuestra boca depende en gran medida sus vidas y la de futuras generaciones.

Alguna vez, mirando un documental televisivo me enteré de un dato asombroso. Según el documental, la mayoría de los criminales más agresivos que ocupan las cárceles del mundo reproducen la conducta de sus padres, son una copia de estos. ¿Qué quiere decir esto? Que si el patrón se repite, los hijos y nietos seguirán siendo criminales hasta que haya uno que rompa ese molde tóxico. ¿Por qué no eliminar probabilidades y cambiar desde ya la manera de afrontar el desarrollo de nuestros hijos y nuestra relación con ellos?

Muchas veces he escuchado la siguiente confesión de boca de amigos y conocidos: "Mi relación con mis hijos es pésima, tal como era la mía con mi papá". Bien, les digo, si ya diste con el diagnóstico, vamos ahora con la solución: repárala. Hoy tienes en tus manos acceso a nuevas herramientas, más información y estás en camino de aprender una nueva forma de ser papá. Nunca es tarde.

"Nada es verdad, nada es mentira, todo depende del cristal con que se mira" reza un adagio que muchos atribuyen a Shakespeare. Pues comencemos a mirar nuestra realidad con un mejor cristal, más claro, más honesto, más directo, más efusivo, más comprometido, más afectivo, que a la larga será también más efectivo y muchísimo más poderoso.

Hace un tiempo, la fotógrafa Gracie Hagen publicó las imágenes de una exposición que dio mucho de qué hablar. Sus fotos mostraban a personas desnudas, con distintos tipos de cuerpos, captadas posando con dos actitudes completamente diferentes. El resultado era impactante. La misma persona, hombre o mujer, cuando posaba con el cuerpo encorvado, con desgano e insegura, lucía terrible. En cambio, cuando se erguía, sonreía o intentaba seducir a la cámara, parecía otra persona, todo un o una modelo.

¿Cuál era la lección? Simple. La actitud lo es todo. La energía, mentalidad y ganas que les ponemos a las cosas determinan incluso hasta nuestra apariencia. En la actitud está la clave del éxito para adaptarnos a las circunstancias, situaciones y crisis que enfrentamos a lo largo de la vida. Con esa llave en la mano se pueden buscar nuevas salidas, acoplarse a los cambios, mejorar y continuar de buena manera, sin sentirnos que vamos cuesta arriba, librando una batalla interminable.

Tal como se desprende de la cita del inicio, nosotros podemos desarrollar en nuestros hijos una actitud de gallina, para que vivan escarbando los gusanos del suelo, o estimularlos a que abran las alas y vuelen lejos. Podemos crearles miedo e inseguridad, o desarrollar su autoestima, paralizarlos emocionalmente o convertirlos en personas proactivas, criar adultos que se rinden al primer obstáculo o bien hombres y mujeres que no se detienen ante nada, perseverantes, atrevidos y positivos.

Para reflexionar...

Corazón de águila

Había una vez un granjero que, mientras caminaba por el bosque, encontró un polluelo de águila herido. Se lo llevó a su casa, lo curó y lo puso en su corral. El ave aprendió a comer la misma comida que los pollos y a comportarse como estos. Un día, un naturista que pasaba por allí le preguntó al granjero:

—¿Por qué esta águila, reina de todas las aves y pájaros, permanece encerrada en el corral con los pollos?

El granjero contestó:

—Me la encontré malherida en el bosque. Le he dado la misma comida que a los pollos y le he enseñado a ser como un pollo. No ha aprendido a volar. Ya no es un águila.

El naturista dijo:

—Es bonito de tu parte haberla recogido, curado y cuidado. Sin embargo, tiene corazón de águila y con toda seguridad se le puede enseñar a volar. ¿Qué te parece si la ponemos en situación de hacerlo?

Le respondió el granjero:

—No entiendo lo que me dices. Si hubiera querido volar, lo hubiese hecho; yo no se lo he impedido.

—Es verdad, tú no se lo has impedido, pero le enseñaste a comportarse como los pollos, por eso no vuela. ¿Y si le enseñáramos a volar como las águilas?

—De acuerdo, probemos —aceptó el granjero.

Animado, el naturista al día siguiente sacó al aguilucho del corral, lo cogió suavemente en brazos y lo llevó hasta una loma cercana. Le dijo:

—Tú perteneces al cielo, no a la tierra. Abre tus alas y vuela. Puedes hacerlo...

Estas palabras persuasivas no convencieron al aguilucho. Estaba confuso y al ver desde la loma a los pollos comiendo, se fue dando saltos a reunirse con ellos. Creyó que había perdido su capacidad de volar y tuvo miedo. Sin desanimarse, al día siguiente el naturista llevó al aguilucho al tejado de la granja y le animó diciendo:

—Eres un águila. Abre las alas y vuela. Puedes hacerlo.

El aguilucho tuvo miedo de nuevo de sí mismo y de todo lo que le rodeaba. Nunca lo había contemplado desde aquella altura. Temblando, miró al naturista y saltó una vez más hacia el corral. Muy temprano al día siguiente el naturista llevó al aguilucho a una elevada montaña. Una vez allí le animó diciendo:

—Eres un águila. Abre las alas y vuela.

El aguilucho miró fijamente los ojos del naturista. Este, impresionado por aquella mirada, le dijo en voz baja y suavemente:

—No me sorprende que tengas miedo. Es normal que lo tengas, pero ya verás cómo vale la pena intentarlo. Podrás recorrer distancias enormes, jugar con el viento y conocer otros corazones de águila. Además, estos días pasados, cuando saltabas pudiste comprobar qué fuerza tienen tus alas.

El aguilucho miró alrededor, abajo hacia el corral, y arriba, hacia el cielo. Entonces, el naturalista la agarró firmemente en dirección al sol, para que sus ojos se pudiesen llenar de claridad y conseguir ver las dimensiones del vasto horizonte. Fue cuando abrió sus potentes alas. Se irguió soberana sobre sí misma. Y comenzó a volar, a volar hacia lo alto y a volar cada vez más a las alturas. Voló. Y nunca más volvió. Había recuperado por fin sus posibilidades.

MORALEJA

Piensa en tu hijo o hija. Dentro de cada uno existe un corazón de águila, listo para mirar al sol y alzar el vuelo. Y nosotros, como papás, tenemos la facultad de ser su granjero, que solo lo salva de morir, pero lo destina a una vida de gallina, en un corral, o ser un naturista, que lo anima a cumplir su destino, enseñándole a abrir las alas y volar.

CAPÍTULO VII. *Deja de perder el tiempo: pásalo con tus hijos*

Sincronízate con tus hijos

No hay nada más importante para un hijo que el tiempo y la calidad del mismo que pasa con su padre. Cada día hacemos depósitos en el banco de memoria de nuestros hijos. Es cierto que pasar tiempo con los hijos no siempre tiene que ser en una fiesta o un plan espectacular. Tiempo con ellos también implica incorporarlos en las actividades cotidianas de tu vida. Limpiar la casa, lavar el auto, llevarlos a un viaje, un día de trabajo, estar con ellos en sus actividades escolares, así como simplemente sentarse en el suelo a pintar juntos cuando son pequeños.

Mientras era corresponsal para un canal de televisión de mi país, por ejemplo, tenía que realizar reportajes en Disney y no tenía con quien dejar a Celeste, entonces, la llevaba conmigo. En una ocasión, la llevé a grabar y mientras esperaba, la cargaba en un canguro. Celeste tenía tres meses y medio.

Al minuto de grabar me la quitaba y en una ocasión, me olvidé de hacerlo y grabé así, con ella en el canguro. Al camarógrafo le gustó mucho y me propuso que hiciera una presentación en cámara con la bebé. "Está divertido", me dijo. En el canal les gustó tanto, que crearon una sección: "Felipe viaja con Celeste". Todas las notas las hacía con ella a cuestas. Celeste con una tortuga, Celeste con una jirafa. Y así, siempre en una aventura juntos.

En una oportunidad, debía hacer una despedida en cámara que decía: "Vengan a Disney, un lugar mágico donde los niños se entretienen y se llenan de alegría". Era tarde y Celeste estaba cansadísima y profundamente dormida. ¡Teníamos que salpicarla con agua para despertarla! En dos segundos, volvía a dormirse. ¡Costó muchísimo hacer esa dichosa despedida! Pero recorrí todos los parques temáticos trabajando con mi hija. Siempre estuvo vinculada en todo lo relacionado a mi trabajo. Lo mismo Almendra. Mientras estaba en el programa *Escándalo TV*, ellas desfilaban en los *fashion shows*, participaban de actividades o simplemente me acompañaban al estudio de vez en cuando.

Eso, además de contar con el tiempo de juegos, fines de semana y mi labor diaria durante toda su infancia: la de chofer oficial a la escuela. He tenido el privilegio de poder coordinar siempre mi horario de trabajo, de manera que he podido encargarme de llevar y recoger a mis hijos de la escuela. Así ocurrió con mis hijas mayores y así ocurre ahora con mis hijos *foster*. Ese período en que podemos ir juntos ya sea en auto, transporte público, bicicleta o caminando es muy valioso. Es una tremenda oportunidad para compartir sentimientos, anécdotas, lo cotidiano, etc., de una manera más directa e íntima. En estas ocasiones nos podemos enterar de sus problemas en la escuela, cómo se sienten, de sus sueños, sus metas y conectarnos realmente con ellos. Sé que no todos los trabajos lo permiten, pero intentar hacerlo al menos de vez en cuando es una gran oportunidad para acercarse a los hijos.

Ellos necesitan saber que estamos cerca. Ese simple ejercicio les proporciona una seguridad inmensa que les ayuda a enfrentar decisiones importantes a lo largo de su vida. Sobre todo a medida que los hijos se vuelven adolescentes ese respaldo permanente se transforma en un gigantesco aliado.

Dedícales tiempo individual

Hace poco, un amigo que tiene cuatro hijos me contaba, muy alterado, que estaba sorprendido con su hija mayor de doce años, quien siempre fue ejemplar y actualmente estaba comenzando a mostrar problemas. La niña presentaba tics nerviosos, se sacaba cabello y se causaba pequeñas heridas, y nadie entendía por qué. Cuando la llevaron a un especialista, este sugirió que se tomaran tiempo con ella a solas, es decir, que crearan espacios dedicados solamente a ella, pues veía que el problema era una necesidad de atención. Con tres hermanos más pequeños y ella en plena preadolescencia, obviamente su autoestima podía sentirse en desventaja. Una vez que mi amigo y su esposa comenzaron a turnarse para dedicar tiempo a su hija —actividades tan simples como ir al supermercado, practicar algún deporte, ir al cine, o simplemente caminar juntos—, las cosas comenzaron a mejorar. Y es que cada uno de tus hijos necesita sentir que es especial.

Con cinco niños en casa, me consta que no es fácil dedicarle tiempo a cada uno, pero organizándose de la mejor manera se puede lograr. Mi táctica es bastante simple: los incorporo a actividades diarias que creo que les pueden llamar la atención a uno más que a otro. Por ejemplo, a Celeste le gusta mucho la comida saludable e ir con ella a un supermercado orgánico a comer algo es una buena oportunidad para compartir un momento solo con ella. Normalmente hablar con una adolescente es más bien un monólogo en que la otra parte solo dirá sí o no, y eso si tienes suerte. Pero al menos debes generar la oportunidad. Créeme que, aunque dé la impresión de que para ella o él no es un momento especial, en el fondo lo valora y mucho más de lo que te puedes imaginar. Mi hijo *foster* Trevor es feliz cuando lo invito a un plan "de hombres". Cuando la selección de Chile vino a jugar a Miami un partido amistoso, lo llevé conmigo. ¡Jamás había visto un estadio y no tenía idea de fútbol! Pero el hecho de sentirse importante, tomado en cuenta en un plan "de machos" lo puso en las nubes. No puedo olvidar su cara de orgullo cuando le puse una camiseta de la selección, y menos aún cuando vio a todo el mundo en el estadio cantando el himno nacional. Él también se puso la mano en el pecho y aunque no entendía ni una palabra, intentaba cantar con toda la emoción del mundo.

¡Son detalles y momentos tan simples pero que sin embargo a ellos les marcan la vida y quedan para siempre entre sus recuerdos!

Cómo manejar los celos entre hermanos

Se dice que los celos son esa sensación de frustración que se produce cuando sentimos que dejamos de ser importantes o correspondidos en cariño por la otra persona, o al menos no sucede con la intensidad que esperamos. Si este sentimiento es difícil de manejar para los adultos, ¡imagínate en el caso de los niños!

Es muy común que los episodios de celos aparezcan cuando nace otro hermano, cuando llega el hijo de una nueva pareja, o, como en mi caso, cuando de un día a otro el cariño, cuidados y atención casi exclusivos repartidos durante años entre dos, ¡pasan a repartirse entre cinco!

Cuando hay celos entre los hermanos surgen episodios de rabietas, mal humor, pataletas, situaciones para llamar la atención... Eso es una reacción relativamente normal en una primera etapa, mientras tu hijo se adapta a esta nueva realidad que le toca vivir. Suele ocurrir que los niños comiencen con cambios de humor, cambios en la forma de comer o tengan actitudes infantiles fuera de lo normal para ellos. Por ejemplo, que comiencen a chuparse el dedo, a hablar como niños más pequeños, a orinarse en la cama de vez en cuando, o bien que se vuelvan más agresivos. Hay que estar atentos a las ocasiones en que esos episodios de rivalidad sean más exagerados, perduren por períodos prolongados y comiencen a deteriorar el ambiente familiar. En casos como estos es conveniente ser objetivo, tomar el toro por los cuernos y buscar ayuda profesional para no lamentar situaciones más complicadas a futuro.

En mi caso, me ha tocado manejar los celos de mis hijas biológicas con sus hermanitos *foster.* Ya el hecho de tener que compartir su casa, su espacio y a sus padres sin duda les provoca sentimientos de rivalidad. Más aún, de la noche a la mañana hemos tenido que multiplicar el tiempo para cumplir con cinco rutinas de escuela, doctores, comidas, juegos, necesidades específicas y en edades completamente distintas, pues mis hijas mayores están en plena adolescencia y sus hermanitos recién comienzan la etapa escolar.

¿Cómo lo hemos trabajado? Generándoles a ellas sus propios espacios. Es decir, sus salidas exclusivas, sus viajes, etc. Que ellas sientan que sus vidas no han cambiado del todo y que además son parte del proyecto tan motivador que es mejorar la vida de tres niños. No es una situación fácil, pero en general la han tomado con gran madurez. Ha sido un ejercicio de amor muy intenso.

¿Qué dicen los expertos?

Me siento bastante bien en cuanto a las recomendaciones de los expertos, porque al parecer no lo hemos hecho tan mal en casa…

Los psicólogos aseguran que es vital mantener un trato equilibrado entre los hermanos, evitando a toda costa que se produzcan comparaciones. "A él lo sacan a pasear y a mí no", "a ella le compran ropa nueva y a mí me toca la que ya usó", "cuando mi hermanito no quiere comer algo, le dan lo que él quiere y a mí me obligan a comer lo que hay por ser más grande", etcétera.

Es importante mantener bajo control las situaciones en que ellos pueden compararse con su hermano o hermana, ya sea mayor o menor. Por ejemplo, sé que a veces la situación económica hace difícil comprarles ropa y artículos nuevos a todos. Pero es bueno intentar al menos equilibrar las cosas. Por ejemplo, al más pequeño, que debe "heredar" o "reciclar", puedes comprarle también un par de medias que le gusten o un detalle para el cabello si es niña. Algo no tan costoso, pero que le haga sentir tan importante como su hermano mayor. Si no puedes, ni modo, "recicla", pero hazlo de manera creativa. Una amiga me contaba que cuando era pequeña, sus padres la tenían convencida de que era un gran honor usar la ropa de su hermana mayor, pues había toda una tradición familiar. "Usar la ropa de tu hermana mayor significa que eres muy especial, que mereces continuar ese legado... Es como una corona o una joya ancestral", le decían. Mi amiga me contaba que ella esperaba con ansias el momento en que al fin le quedaba la camiseta favorita de su hermana o una falda y podía quedarse con esta. Sentía que había escalado un peldaño más en la jerarquía familiar. Lejos de sentirse menospreciada o con celos por su hermana mayor, el heredar sus cosas era todo un privilegio. Como ves, todo es cuestión de cómo presentamos las cosas y de qué tan creativos somos.

Tal como lo comenté anteriormente, siempre es más productivo destacar lo positivo que enfocarse en el comportamiento negativo. Y si hay episodios de celos, con mayor razón. Ya sabemos que algunas de las manifestaciones de rivalidad entre los hermanos puede ser una rabieta, entonces, frente a esta, trata de recordar que tu hijo o hija en esos momentos está intentando llamar tu atención. Por más difícil que sea, trata de manejar la situación de la forma menos dramática posible, para que no vea que eso te pone fuera de control. Y luego intenta destacar algún episodio positivo que haya tenido últimamente, pero nunca vuelvas a escarbar en la pataleta o lo mal que se está portando. Insiste en reforzar lo bueno. Poco a poco eso le irá motivando a cambiar de táctica porque se dará cuenta de que la rabieta no funciona contigo.

Si los celos son de un hijo mayor hacia el más pequeño, enfócate en recordarle todo lo bueno o las ventajas que tiene ser el o la más grande: más tiempo para jugar, poder salir contigo a alguna actividad y mayor capacidad para cumplir con "desafíos sumamente importantes para la familia"… Es decir, todos los privilegios que tiene. No olvides que los celos se producen en este caso por pérdida de protagonismo. Pues tu tarea es convencerlo de que ahora su papel es tanto o más importante que antes.

Incentiva también todas aquellas actividades en que pueden compartir como grupo familiar. Un simple paseo al parque, la playa o a la tienda, en el que destaques el papel tan importante que ocupa cada uno de los miembros de tu familia, reforzará ese sentimiento de ser parte y no sentirse relegado por la llegada de otro.

Motívalos a la unidad

Se dice que hermanos que no pelean no son hermanos. Aunque no sea un problema de rivalidad, los hermanos siempre tendrán sus momentos de roce, de enojo, de conflicto, ya sea por un juguete, por tener el control de un juego o simplemente por diferencia de temperamentos... Es difícil que tu casa sea un oasis permanente de paz si hay más de un niño. La mía, al menos, no siempre lo es. Eso es parte del encanto.

Pero hay una cosa que podemos hacer para intentar que esos episodios sean cada vez menos frecuentes y se queden solo en parte de la convivencia normal, sin llegar más lejos. La solución es motivarlos permanentemente a ser un núcleo unido, un verdadero círculo de hierro.

¿Has leído la fábula *Los hijos del labrador* de Esopo? Es una maravillosa lección para este propósito del que hablamos.

Los hijos del labrador

Los hijos de un labrador vivían permanentemente en medio de discusiones y peleas. Sus llamados a la concordia eran inútiles para hacerles mejorar sus sentimientos, por lo cual su padre resolvió darles una lección con la experiencia.

Les llamó y les pidió que le llevaran un manojo de varas. Cumplida la orden, les dio las varas en haz y les dijo que las rompieran todas al mismo tiempo; mas a pesar de todos sus esfuerzos, no lo consiguieron. Entonces deshizo el haz y les dio las varas una a una; los hijos las rompieron fácilmente.

—¡Se dan cuenta! —les dijo el padre—. Si también ustedes, hijos míos, permanecen unidos como el haz de varas, serán invencibles ante la adversidad; pero si están divididos serán vencidos uno a uno con facilidad.

Enséñales el gran valor que tiene el que permanezcan unidos como hermanos siempre. Mantenerse como un bloque infranqueable es una de las armas más poderosas para enfrentar las dificultades del mañana, especialmente cuando no estemos con ellos.

Deal or no deal... *Sé creativo*

¿Mi hija es mala para las matemáticas? Eso me dijo la profesora de mi hija y enfrente de ella. ¡Quién dijo eso! Regresé indignado con mi hija a la casa. ¿Cómo se le ocurría decir aquello? ¿Y si mi hija se lo llegaba a creer? Me propuse hacer lo que fuera por evitarlo. Entonces le propuse a mi hija un juego, basado en el programa *Deal or No Deal*. Le di una hora para que estudiara las tablas de multiplicar y jugaríamos ¡con la posibilidad de que ganara mucho dinero! Comencé apostando un dólar por respuesta. Ella acertó y entonces le propuse retirarse con ese dólar o jugar por más, aunque las tablas se irían complicando. Por supuesto se entusiasmó con la idea de seguir ganando ¡y terminó acertando todas las respuestas! Ganó un total de seis dólares, quedó feliz y además, experta en las tablas.

A veces el problema no es que tu hija o hijo sea distraído, sino que el profesor no tiene la capacidad de mantener a todos los alumnos motivados y entretenidos. No todos los niños tienen el mismo nivel de atención e interés y, seamos honestos, itambién hay muchos profesores muy aburridos! Pero ahí estamos nosotros para usar ese tiempo para compartir y poner a trabajar nuestra creatividad para suplir esas carencias y aportar a su autoestima.

Autoestima... convence a tu hijo ide que es el mejor!

Recuerdo que una vez me preguntaron cómo les iba a mis hijas en la escuela. Mi respuesta fue: "Las tengo convencidas de que son buenas alumnas". Ninguna de mis hijas es destacada en todo en la escuela, pero cada vez que les hacía sentir que tenían capacidad en alguna materia, ellas se motivaban y le dedicaban más tiempo, lo que hacía subir sus grados.

Nunca predispongas a tu hijo o hija diciendo cosas como: "Es que no eres bueno para las matemáticas". Solo porque sacó una mala calificación en esa materia no quiere decir que no tenga habilidades. Quizás podría llegar a ser un ingeniero nuclear, pero con tus comentarios estás imponiéndole un paradigma de que no es bueno para eso.

Si llegas a tu casa, tu hija está cantando y tú, cansado, le dices: "Por favor, cállate que me molesta tu voz", en ella se queda grabado que su voz molesta a los demás, y iquizás podría ser la próxima Shakira! Pero ya no cree que tenga buena voz, entonces no desarrollará esa habilidad. Así de grave es.

La autoestima es vital para desarrollarnos, ocupar el lugar que nos toca en la sociedad y ser felices. Es el valor que nosotros mismos nos damos como personas, conforme a nuestras capacidades y lo que rescatamos de nuestra imagen. Depende de cuán satisfechos estemos con lo que somos y cuánto nos aceptemos. Y aunque ese valor nos lo damos nosotros mismos, se va creando desde la niñez a partir de la aceptación que recibimos de los demás, especialmente nuestros padres.

La autoestima afecta todos los aspectos de nuestra vida, el trabajo, las relaciones, nuestras metas, ¡todo! Por eso es importante que sea una autoestima saludable. Hoy en día es muy común sorprenderse con casos de adolescentes, e incluso niños, deprimidos o que se causan daño físico porque no se aceptan como son, porque no se encuentran el valor que tienen.

Los niños y adolescentes que tienen una adecuada autoestima son seguros de sí mismos, confían en sus capacidades, y esto les permite a su vez poder reconocer sus errores y aceptarlos, pues saben que eso no es el fin del mundo. Cuentan con la aceptación, el apoyo y el cariño de su círculo cercano, por lo tanto, solucionan esos inconvenientes y continúan su desarrollo. Esa seguridad les permite hacer respetar sus puntos de vista, sus valores, principios, derechos y gustos, pues saben que no necesitan aprobación. Ya tienen la que necesitan.

Por eso es trascendental alimentar desde la infancia la confianza de nuestros hijos en sí mismos, puesto que ya en la adolescencia la autoestima o bien se reafirma, se revalora o hay crisis por su carencia, provocando un efecto dominó de ahí en adelante.

Cómo nutrir la autoestima

Con casi todos los "ejercicios" que hemos expuesto hasta ahora:

* Manifiesta el cariño física y verbalmente. No te canses de expresarles tu cariño. Esto nunca sobra.

* Dales valor a tus hijos

* Respeta su individualidad

* Dales espacio y tiempo de calidad

* Escúchalos. Tómalos en cuenta

* No los compares

* Destaca sus fortalezas, no sus debilidades o errores

* Resalta aún más esas características distintas que los hacen especiales

* Acepta sus ideas, aun cuando no estés tan de acuerdo

* Sé comprensivo cuando no logren una meta y apóyalos cuando lo necesiten

* Valóralos y hazles sentir que son los mejores en su estilo

Empatía: enséñales a ponerse en el lugar de otros

La psicóloga española Alicia Banderas, autora del libro *Hijos felices*, asegura que es imprescindible para el futuro de nuestros hijos educarlos en determinados valores como la empatía. En un mundo donde la tendencia es a trabajar en equipo, donde no por tener una carrera brillante o intelectual vamos a tener asegurado un sitio en la vida, o donde no debemos traspasar a nivel personal los problemas laborales, entre otras cosas, la empatía es un asunto de educación. Y para educar en la empatía debemos ser muy objetivos, pues si vemos que nuestro hijo ha tenido una conducta errada o poco empática hacia un compañero u otra persona, le podemos hacer tres preguntas claves:

¿Cómo crees que se ha sentido tu amigo perjudicado?

¿Cómo te sentirías si te lo hubieran hecho a ti?

¿Qué puedes hacer para solucionarlo?

Muchas veces estamos conscientes de que nuestros hijos se han pasado de la raya con alguien, han sido injustos, lo han maltratado o simplemente han quedado indiferentes ante una injusticia. Puede que nos parezca que son demasiado pequeños para tomarles el peso, pero no es así. La empatía, el ponerse en el lugar del otro, se va formando desde el principio. No podemos dejar pasar estas conductas que van creando su conciencia social.

Bullying: *cuando la empatía es nula*

Hace un tiempo, leí la noticia de un niño de siete años, de segundo grado de primaria, que murió tras recibir una severa golpiza de dos de sus compañeros. Me quedé paralizado.

La palabra *bullying* se escucha mucho últimamente. Todo el mundo habla de esto, y a muchos padres se nos paraliza el corazón cada ciertos días, pues es tema recurrente en las noticias y videos virales. Se trata del acoso, matonismo u hostigamiento escolar. Y no se refiere solo al maltrato físico, sino también psicológico y verbal de parte de adultos o, generalmente, sus propios compañeros. El problema ha existido siempre, pero hoy en día las redes sociales se han convertido en un modo de denuncia, por un lado, y en otra manera de fomentarlo a través del ciberacoso, por el otro.

Los casos son impactantes. Adolescentes de once años en coma por golpizas de sus compañeros de clase simplemente por provenir de otra ciudad o país, niñas de trece años golpeadas, desnudadas y humilladas a través de la Internet por sus compañeras por lucir distintas o ser más tímidas de lo normal, niños de siete años que deciden suicidarse porque ya no aguantan el hostigamiento en su escuela, etcétera.

Lo peor del caso es que lo que vemos es solo la punta del iceberg, pues estadísticamente el tipo de violencia que domina es el emocional y ocurre en las aulas y patio de las escuelas, sin más testigos que sus protagonistas. Las niñas sufren más acoso que los niños, en términos proporcionales, y según los datos para América Latina, más del 80% de los niños confiesa haber sido víctima en algún momento. ¿Qué puede llevar a unos niños hasta semejante nivel de crueldad? ¿Qué han visto? ¿Por qué no hay una mínima muestra de compasión?

Se ha demostrado que la conducta del acosador escolar está relacionada con la educación que recibe de sus padres o tutores y con el contexto en que fue educado. Y en esto las ideas machistas son tremendamente tóxicas. Se dice que muchas veces quien acosa expresa antecedentes de violencia familiar. La víctima suele repetir el mismo modelo de acosado que ha visto en su hogar. Debemos estar atentos a escuchar y observar cualquier mínimo signo de abuso en nuestros hijos, reforzar su autoestima y la comunicación.

Las escuelas tanto en Estados Unidos como en América Latina intentan fomentar programas para evitarlo, pero la prevención más eficaz se realiza en casa. Somos nosotros como papás quienes tenemos que lidiar con el tema y aclararles a nuestros hijos que no tienen derecho a hostigar, ridiculizar ni mofarse de otro por su edad, su raza, capacidad especial o condición sexual. No hay excusa para hacerlo. Los sociópatas y las víctimas los creamos nosotros.

Ayuda extra para reforzar el desarrollo de tu hijo

Promueve un segundo idioma

Una de las situaciones más tristes y hasta vergonzosas para muchos padres es que sus hijos, nacidos en Estados Unidos u otros países, no conserven el idioma de sus padres. ¡Cuántas veces hemos visto en televisión a famosos, con apellido hispano, de padres hispanos y que apenas pueden repetir un par de palabras sueltas en español! En generaciones anteriores podíamos disculparlos porque el respeto por las minorías era prácticamente inexistente. Menos aún existe el orgullo por la ascendencia hispana y, peor todavía, la conciencia sobre el valor de un segundo idioma. Eso hacía que comúnmente los padres prefirieran que sus hijos olvidaran por completo el idioma, sus raíces y todo lo que, según ellos, pudiera ponerlos en desventaja frente a sus pares. Hoy en día el panorama es completamente distinto.

La mayor parte de las escuelas públicas de Estados Unidos ofrece el español como segundo idioma opcional, especialmente en ciudades con marcada influencia migratoria hispana. Y cada día se abren más oportunidades para otras lenguas como portugués, italiano, francés, mandarín, cantonés, alemán, entre otros. Eso ayuda a que nuestros hijos no solo lo hablen y mejoren, sino que aprendan también a leerlo y escribirlo.

Me consta que no siempre es tarea fácil cuando

se vive en un país como Estados Unidos. A veces nuestros hijos no quieren o no les importa conservar la lengua de sus padres. Mientras una de mis hijas mayores lo habla casi a la perfección, la otra se resiste un poco. Eso ocasiona que caigan en el *spanglish*, es decir, que de cada cinco palabras que dicen, tres son en inglés y dos en español... ¡Y ni siquiera se dan cuenta! Incluso la cosa se puede poner peor cuando comienzan a inventar palabras como: "Papá, ¡te lo dije *clearmente*!". En otra ocasión, una de mis hijas me dijo: "No me trataron con *respecto*", o "Esta ciudad tiene mucha *populación*". Se debe estimular a los hijos, sin ofenderlos ni ridiculizarlos, a perfeccionar su uso del español para que puedan evitar esta mezcolanza. Por otra parte, mis hijos más pequeños se han incorporado poco a poco a esta familia bilingüe, y cada día entienden y hablan de manera más fluida el español. A su propio estilo, claro: *This is* tuyo, *this is* mío. Pero ahí van, paso a paso.

Hoy en día, un segundo idioma es parte fundamental de la educación de nuestros hijos, y más aún tratándose del español. Y no estoy hablando solo desde el orgullo, sino desde un punto de vista práctico. Según el más reciente censo, la población hispana de Estados Unidos aumentó un cuarenta y tres por ciento en la última década: ¡ya somos más de 50.5 millones de hispanohablantes! (Se estima que a la fecha somos unos 55 millones). ¿Qué significa eso? Que el dominio del español es y será una necesidad a nivel comercial y social aún más palpable. No cabe duda de que las oportunidades profesionales y laborales se duplican para quienes hablan, leen y escriben al menos en dos idiomas.

Además, el idioma es la manera de conectar a nuestros hijos con sus raíces, su familia. Es tremendamente triste escuchar historias de nietos que no se pueden comunicar con sus abuelos porque simplemente no hablan español. Tienen tanto que aprender unos de otros que limitar esa oportunidad de crecimiento por esa barrera idiomática es lamentable.

Por todo esto, es importante tratar de persuadir y motivar desde pequeños a nuestros hijos a que aprendan al menos español. Está demostrado que los niños aprenden mejor el idioma de sus padres cuando se les enseña en sus primeros años. Sin embargo, si no lo hiciste a tiempo, nunca es tarde para abrirles nuevas posibilidades a tus hijos; sin lugar a dudas, más adelante te lo agradecerán.

Para reflexionar...

Si hubiera tenido un poco más de tiempo (cuento hindú)

Con algunos ahorros, un hombre de un pueblo de la India compró un burro joven. La persona que se lo vendió le previno de la cantidad de comida que tenía que procurarle todos los días. Pero el nuevo propietario pensó que tal cantidad era excesiva y comenzó a restar comida día a día al pollino. Hasta tal punto disminuyó la ración de alimento al asno que, un día, el pobre animal amaneció muerto. Entonces el hombre comenzó a gimotear y a lamentarse así:

—¡Qué desgracia! ¡Vaya fatalidad! Si me hubiera dado un poco más de tiempo antes de morirse, yo hubiera logrado que se acostumbrase a no comer nada en absoluto.

El Maestro dice: como este hombre algunos son negligentes y "avaros" buscadores espirituales. Quieren conquistar la Sabiduría sin ningún ejercitamiento espiritual.

MORALEJA

Podemos darle de todo a nuestros hijos, una casa inmensa y espectaculares viajes, comprarles los juguetes de moda, el último modelo de teléfono, la ropa de marca y satisfacer todos sus caprichos… Pero nada se compara al bien más escaso y valioso para ellos: **nuestro tiempo**.

CAPÍTULO VIII. *Herramientas infalibles del día a día*

Menú de niños

¡Detesto los menús para niños de los restaurantes! Pizza, macarrones, papas fritas, pollo frito, chips... Rara vez uno encuentra algo que verdaderamente alimente. ¡Es como si los niños pudieran comer cualquier porquería solo porque son niños!

He encontrado una solución bastante sencilla a este problema. Al menos en Estados Unidos, normalmente las porciones de comida en la mayoría de los restaurantes son exageradamente abundantes y muchas personas no logran terminar de comer un plato. Entonces, cuando salgo con mis hijos a comer, pido un plato de adulto y lo divido en dos o hasta tres porciones adecuadas para ellos. De esta manera puedo optar por comidas más saludables como pastas recién preparadas, pollo, carne, ensaladas, etc. Sé que podrás estar pensando que el problema también está en que muchos niños no comen si no son alimentos fritos, pero en esto tenemos que ser responsables, pues el hábito ¡se lo tienes que crear tú!

¿Está un poco gordito el niño? ¡Pues es culpa tuya!

¿Te has enterado de la gravedad que existe en torno al problema de sobrepeso, especialmente entre los niños? ¡Es realmente alarmante! Lee estos datos para que te hagas una idea: dos tercios de la población de Estados Unidos tiene sobrepeso o incluso obesidad. En México, el 70% de los adultos y el 35% de los niños y jóvenes son obesos. Estados Unidos es ¡el país con más niños obesos del mundo! Según la Organización de las Naciones Unidas Para la Alimentación y la Agricultura (FAO), otros países como Argentina, Venezuela, Perú y Chile también están a la cabeza en cuanto a obesidad infantil.

El problema con la obesidad no es simplemente de imagen y autoestima, sino que además desencadena una serie de enfermedades y problemas como hipertensión, asma, problemas cardiacos, diabetes mellitus tipo 1, y con esta, la ceguera, entre otras. En México, por ejemplo, la mayor causante de ceguera es la diabetes mellitus no tratada. Y si antes debíamos empezar a preocuparnos del colesterol, la presión arterial y el azúcar en la sangre a partir de los cuarenta años, hoy en día también debemos estar al tanto de estos niveles en nuestros hijos, pues estos trastornos de salud están comenzando a manifestarse a muy temprana edad.

Esto suma y sigue, pues se estima que los costos de tratamiento para sobrellevar los problemas de salud ligados a la obesidad tanto en países de América Latina como en Estados Unidos serán imposibles de manejar para la cantidad de población en los próximos treinta a cuarenta años. Incluso, cada día son más los expertos que opinan que la generación nacida en los primeros diez años del nuevo siglo va a vivir menos que nosotros por esta verdadera epidemia de obesidad, como la califica la Organización Mundial de la Salud (OMS).

Para empeorar las cosas, el ser obeso no implica estar bien alimentado o nutrido. Suele ser lo contrario, pues a pesar de contar con más peso, altos índices de grasa saturada en el cuerpo y masa, la nutrición, indispensable para crear huesos y órganos sanos, entre otras cosas, es deficiente. Muchas personas y niños obesos sufren de anemia por falta de hierro, de vitamina del complejo B, de calcio, etc., afectando su calidad de vida, su desempeño escolar y su crecimiento.

En muchos países latinoamericanos se suele decir que si está gordito está saludable. Pues no, generalmente no es así. Y aun cuando aparentemente pueda estar bien, hay ocasiones en que nuestros niños padecen de ciertos problemas relacionados a la alimentación durante años sin ser detectados, hasta que un día se desata una crisis. Para saber cómo está el peso de tu hijo o hija respecto a su crecimiento, siempre debes estar al pendiente del registro que lleva el médico de cabecera. Pregunta, indaga, no te quedes con la duda. Pide exámenes de colesterol y azúcar, entre otros para saber que todo está bajo control.

Pero recuerda lo más importante: la solución real a todos estos problemas y, sobre todo, la prevención está fundamentalmente en ti.

En casa es donde se aprende a comer

Tú y yo podemos ayudar a que nuestros hijos desarrollen una relación lo más sana posible con la comida, de manera que no solo puedan controlar su peso, sino también crecer adecuadamente, mejorar su rendimiento físico, emocional e intelectual, y en el fondo, conseguir un mejor estilo de vida a largo plazo.

Sé que no siempre es fácil ni todos los niños reaccionan igual. En mi familia, mi esposa, Paula, es experta en nutrición y entrenadora personal, y yo un fanático de la vida saludable. Juntos mantenemos una alimentación a conciencia, porque la disfrutamos y además estamos muy pendientes de ser un buen ejemplo para nuestros hijos en esta materia. Sin embargo, a pesar de que tanto nuestras hijas adolescentes como los más pequeños reciben el mismo mensaje sobre alimentación, no todos lo asumen igual. Mientras para mi hija Celeste el tema es parte de su vida, se preocupa de que cada cosa que come tenga un propósito en su nutrición y lo disfruta, a Almendra en cambio todavía parece no interesarle. O bien simplemente no lo asume de la misma forma. También es cierto que está en un período de mayor rebeldía, pero ella se permite ciertos gustos culinarios, no necesariamente 100% saludables. Y hasta cierto punto está bien, pues por ahora su contextura y actividad física le dan mayor licencia. Tampoco podemos convertirnos en tiranos, pues en la exageración está el peligro, y a veces en vez de ayudar terminamos aburriendo a nuestros hijos con el tema o, lo que es peor, lanzándolos de cabeza a una reacción contraria que desencadena algún trastorno alimenticio.

Lo importante es que ellos tengan la información y sepan la diferencia entre las opciones que hay para satisfacer el hambre. No puedo negar el gusto que me produce cada vez que Analisse, la más pequeñita de mis hijas *foster*, me dice: "Papá, necesito proteína". "¿Sí? ¿Qué proteína te gustaría comer?", le pregunto. "Pollo, papá", me responde, pues poco a poco va asimilando lo que ve y escucha de nosotros. De la misma manera, para ella hoy en día una mañana no comienza bien si no desayuna con algo de cereal, huevo y leche. Y créeme que esto representa un cambio inmenso, pues ella y sus hermanitos cuando llegaron a casa no comían sino *chicken nuggets* y papas fritas. Ha sido un largo proceso abrir sus mentes a un mundo culinario más saludable, pero, ya ves, poco a poco se logra la transformación.

Tampoco se trata de que compliques tu presupuesto familiar, pues las opciones no deben ser necesariamente más costosas ni complicadas. Una porción de frijoles negros, por ejemplo, es una excelente opción. ¡Un plato muy completo para un niño en pleno crecimiento! Te aconsejo que luego de conocer las características de tus hijos de acuerdo a sus necesidades específicas, pidas una cita con un nutricionista que te ayude a programar un plan alimenticio básico para tu familia ajustado a tu presupuesto. También puedes acudir a Internet, a sitios de salud de hospitales, clínicas o páginas relacionados a paternidad, que cuentan con expertos, guías e ideas para planificar comidas saludables y económicas. Pero recuerda siempre contar con la asesoría previa de un profesional para asegurarte de que estás tomando las mejores decisiones de acuerdo a las necesidades y el estado de salud de tu familia.

No te bases en lo que ves o escuchas por ahí sin conocer el estado de salud de los integrantes de tu familia, condiciones específicas como alergias a productos, etcétera.

Cualquier cambio que hagas en la forma de enfrentar el tema, por pequeño que parezca, marcará una diferencia. Nosotros somos los modelos de nuestros hijos y quienes debemos orientarlos para que se alimenten saludablemente, viendo que nosotros también lo hacemos (y lo hacemos con gusto).

Por último, hay que tener mucha astucia para manejar este tema con tus hijos adolescentes. Tampoco querrás provocar un trastorno de alimentación y que se vaya al otro extremo y padezca anorexia o bulimia. El asunto no hay que abordarlo jamás como un problema estético, ya que ese enfoque puede jugar totalmente en contra.

Sugerencias que pueden ayudarte

* No compres comida chatarra. La mejor manera de no tentarse con golosinas, chips, dulces, frituras es no teniéndolos a la mano. A veces los padres los dejamos por ahí, medio escondidos, con la excusa de tenerlos para ciertos momentos, pero es difícil que tus hijos o tú mismo no caigan en la tentación si están a la vista o guardados en algún rincón.

* Utiliza la tecnología a tu favor con juegos, videos, muñequitos que enseñan y promueven la alimentación saludable.

* Recurre a rompecabezas, libros para pintar, juguetes que representen productos como vegetales y frutas, etc., cuando trates el tema con tus hijos más pequeños. Todo esto incentiva los buenos hábitos a la hora de comer, pues hace que estos sean algo natural y cercano para los niños.

* Juega con ellos al restaurante o a la cocina de vez en cuando, imitando un menú delicioso y saludable. Pide, por ejemplo, una exquisita ensalada de espinaca con tomates, pescado a la plancha con arroz integral o algo por el estilo. O bien, juega a prepararlos como si fueran los mejores chefs del mundo. Recuerda que durante los primeros años de tus hijos ellos aprenden por imitación. Es cuestión de ser creativo.

La nueva "cajita feliz"

Esa misma creatividad utilízala cuando vayas a un restaurante de comida rápida. Que sirvan este tipo de alimentos no significa que debes comer lo peor que tengan. Con tres niños pequeños, créeme que suelo visitar uno al menos semanalmente para resolver algún desayuno o almuerzo y, de paso, dejarlos que liberen energía en el área de juegos. Pero ahora, cada vez que voy a uno pido una ensalada con pollo asado, tres cajitas pequeñas de leche blanca y manzanas en rodajas. Aparte, compro solo los juguetitos que regalan con las cajitas del menú de niños. La última vez les dije a mis hijos que ihabía salido la nueva "cajita feliz" de pollo a la parrilla con ensalada, leche y manzana! ¡Buenísima! Y que, por supuesto, ¡venía con regalo para los que se la comieran! ¡Ni siquiera preguntaron por las papas fritas! Estaban felices comiendo pollo a la parrilla, leche y manzana. Finalmente, ¡por un juguete de cincuenta centavos comen lo que sea!

Hago uso de la misma técnica cuando viajo con mis hijos a los parques temáticos, donde suele haber cientos de opciones de comida rápida y escasez de ofertas saludables. Sin embargo, desde la primera vez que los llevé, he optado por esas inmensas piernas de pavo asadas, muchísimo más sanas y económicas, pues son tan grandes que de una o dos come una familia completa.

Tampoco hay que volverse fanático y no permitir que tanto tus hijos como tú se den ciertos gustos. Quienes se dedican en serio a los temas de nutrición saben que uno de los grandes secretos para mantener un metabolismo sano y en equilibrio es que, por más saludable que sea tu alimentación diaria, hay que darse ciertos "recreos" para que este se reactive. Es decir, dejar un día a la semana para consentirse con algo que nos guste. En mi familia acostumbramos dejar el sábado o domingo con ese propósito. Ese día nos premiamos todos con un asado familiar, pizza, hamburguesas o algo más que se nos antoje. De esa manera se evita la ansiedad, y todos estamos felices.

Insisto, de nosotros depende cuán saludable sea la alimentación de nuestro clan.

Deporte y más deporte... sin excusas

Hace un tiempo leí la historia de un adolescente que le pidió a su padre que llamara a su entrenador de fútbol para no ir a la sesión con su equipo ese día. No tenía ganas. Quería probar un nivel más alto en su juego de computadora con sus amigos, así es que pensó que su padre podría ayudarlo con una "mentira piadosa" para el entrenador. Eso le daría más seriedad a la excusa.

Su padre le dijo que no había problema. Él llamaría. Sin embargo, cuando el bus del equipo de fútbol los recogió a la salida de la escuela, él estaba en la pauta del equipo como de costumbre y su padre no apareció a buscarlo. Su sorpresa fue mayor cuando el entrenador se encargó personalmente de hacerlo trabajar más que nunca durante la sesión. ¿Cómo podía ser? ¿Acaso no entendió el mensaje?

Finalmente, antes de irse, el entrenador le dijo: "Dile a tu padre que admiro mucho su preocupación por sacarle partido a tus habilidades deportivas. Gracias a su llamada, de ahora en adelante estaré más pendiente de llevarte aún más lejos para potenciar tus capacidades. Nos vemos".

El chico estaba furioso con su papá. ¡Lo había traicionado! ¡Qué clase de padre era! Después del berrinche inicial, ambos hablaron y su padre le explicó que lo hizo por ayudarlo. Seguramente ahora no lo entienda, pero algún día valoraría que su papá lo haya empujado a esforzarse físicamente y a cumplir con cierta disciplina deportiva y rigor.

Nadie está exento de que un hijo o hija caiga en las drogas. Este mal no respeta nada. Ni país ni condición socio-económica ni sexo ni raza; ¡nada! Sin embargo, hay muchas cosas que como padres podemos hacer para disminuir las posibilidades. Lo primero es mejorar el entorno y mantenerlos activos. Si tienes a tus hijos en actividades deportivas, ocupados, entretenidos, con buenos amigos, etc., no quiere decir que la batalla esté 100% ganada, pero al menos disminuimos considerablemente los riesgos de perderla.

¡Practicar algún deporte representa un cúmulo de beneficios para nuestros hijos! El ejercicio constante no solo ayuda a mantenerlos en el peso adecuado, favoreciendo el desarrollo físico de sus huesos y músculos, sino que también los ayuda a desarrollarse emocional, mental y socialmente.

Otros beneficios de hacer deporte:

* Ayuda a desarrollar las capacidades motoras

* Eleva la autoestima y confianza en sí mismo

* Le ayuda a desarrollar su capacidad de inserción en un grupo

* En algunos casos estimula el trabajo en equipo

* Le enseña valores como la disciplina y el respeto

* Le enseña a desarrollar estrategias para lograr un objetivo

* Disminuye la agresividad

* Promueve la consecución de metas

Además, por si no lo sabías, el ejercicio es una de las mejores armas contra la depresión y el estrés. Esto, pues estimula las endorfinas, que son las hormonas que producen un estado anímico agradable en las personas. No en vano se les llama "hormonas de la felicidad". Imagina entonces lo valioso e importante que puede ser para tus hijos que cuenten con una disciplina deportiva que los ayude a mantener sus niveles de endorfinas altos en la complicada etapa de la adolescencia, cuando los problemas de depresión, ansiedad, inseguridad y estrés, suelen manifestarse.

A veces me ha pasado que les propongo a mis hijas practicar un deporte y la primera respuesta es no. Sin embargo, insisto en que al menos lo intenten, e incluso he llegado a obligarlas y el resultado ha sido excelente. Mi hija Almendra, por ejemplo, no quería practicar voleibol. Al menos no en el gimnasio que hay cerca de nuestra casa porque, según ella, la verían todos sus compañeros y no sabía jugar. "Pero ¡cómo vas a aprender a jugar si nunca lo haces!", le dije. Un día fui y pagué la temporada completa de voleibol. Me dijo que iría siempre y cuando no la hicieran jugar un partido, porque ella no sabía cómo hacerlo. Su condición fue que al llegar al gimnasio preguntaría si era una clase o un partido; y si era partido, no entraría. Pues para asegurarme de que hiciera la clase, me adelanté y hablé con el entrenador. Le pedí que dijera que era una clase, simplemente estructurada como partido. Al llegar mi hija obviamente le preguntó al entrenador y él le respondió lo que habíamos acordado. Almendra jugó su primer partido casi sin saber hacerlo. Su equipo ganó y ella quedó muy motivada para jugar voleibol durante mucho tiempo. Pero si no hubiera insistido, ¡nunca lo habría hecho!

Si lees el libro del exbeisbolista Jorge Posada, *El camino a casa: Mi vida con los Yankees*, te puedes dar cuenta de cómo la motivación que los papás le damos a nuestros hijos en cuanto al deporte puede marcarles la vida. En esa autobiografía, el pelotero cuenta que fue su padre quien lo descubrió, quien se dio cuenta de que tenía un brazo y piernas fuertes, y lo fue orientando en su carrera. Incluso, cuando una lesión importante lo dejó fuera de una posición, su papá lo motivó a probar con otra y a seguir con su meta. ¿El resultado? Jorge se convirtió en uno de los cuatro jugadores determinantes de los Yankees, el equipo más fuerte de las ligas mayores. Fue campeón del mundo en cinco ocasiones, cinco veces jugador estrella y obtuvo cinco reconocimientos *Silver Slugger*. Sin duda, uno de los jugadores más valiosos que ha tenido el equipo del Bronx, aparte de ser una gran persona que, en unión con su familia y por medio de su fundación, ayuda a la comunidad.

Hay que motivar a nuestros niños a hacer las cosas. No obstante, si después de algunas clases te das cuenta de que no es realmente lo que tu hijo o hija disfruta, no le sigas empujando. Prueba otra actividad… Intenta deportes novedosos, acuáticos, artes marciales, kayak, bicicleta de montaña, capoeira, montañismo, etc. O simplemente motívalo a caminar contigo, montar bicicleta o patineta. Cumple tu parte con el hecho de que al menos lo intente. De ahí en adelante la motivación debe surgir de manera personal.

Tal como te comenté en otro capítulo, a mis hijos pequeños los tengo en un gimnasio especializado en niños. Allí practican ejercicios acorde a su edad, en forma más libre, pero supervisados. Es normal que a veces, los sábados por la mañana cuando los llamo a levantarse para ir, me digan que no quieren hacerlo porque prefieren dormir un poco más o ver televisión. Les digo: "Bueno, que lástima, porque después del ejercicio pensaba pasar a un parque a jugar un rato. Pero tranquilos, quédense acá, vean televisión y luego nos vemos" (yo sé, te puede sonar a un vil chantaje)... "¡No, no, no! Vamos contigo", responden de una vez y en cinco minutos están listos para acompañarme. Bueno, reconozco que hay algo de manipulación, pero sé que en ese centro deportivo, además de estar aprendiendo coordinación y motricidad, de estar ayudando a sus músculos y huesos a desarrollarse, de hacer trabajar sus endorfinas, su corazón, etc., ¡están disfrutando! Es un juego, pero les crea el hábito de levantarse el sábado y hacer deporte.

¡Ya dejen la Internet y salgan al aire libre!

Una de las preocupaciones que desde el primer momento tuvimos mi esposa Paula y yo en cuanto a la formación de nuestras hijas era que no crecieran desconectadas de la vida al aire libre. El hecho de vivir en ciudades más grandes y fuera del país de origen a veces nos aleja de esas cosas simples que la naturaleza nos regala. Cada día son más los que se unen para proteger el medio ambiente, la flora, las especies animales, etc., pero todo ese sentido de cuidado y protección, toda esa sensibilidad se desarrolla en la niñez. Por esta razón, desde los primeros años de mis hijas, y ahora con mis hijos *foster*, uno de los planes favoritos cada cierto tiempo es visitar alguna granja cercana.

Si nunca lo has hecho ¡no te imaginas lo entretenido que es! La conexión de un niño con la naturaleza es casi mágica, fluye sin mayores complicaciones. La primera vez que se encuentran cara a cara con una oveja, un cerdo, una vaca, patos, conejos... ¡La expresión de sus rostros es una fiesta!

Afortunadamente, al menos en Estados Unidos, por más grande que sea la metrópoli donde vivamos, siempre cuenta con áreas rurales, granjas públicas o parques donde podemos vivir esa experiencia. Incluso, uno de los planes para fiestas de cumpleaños más divertidos y didácticos es contratar alguna "granja móvil". Son camiones adaptados para transportar cierta cantidad de animales de granja, acostumbrados a convivir con niños y que llegan al patio de tu casa, parque o lugar donde se realiza la fiesta. Así, durante un par de horas, tus hijos y sus invitados pueden disfrutar de esa convivencia con el mundo natural y conectarse con este.

Otro plan es que lleves a tus hijos en un día de recolección de frutas y verduras en un huerto. Estas mismas granjas suelen tener áreas para visitantes y personas que gustan "cosechar" sus productos. Pero no es necesario ir muy lejos, pues con el boom del interés por la vida orgánica y los alimentos no contaminados se están poniendo de moda los huertos comunitarios. Si indagas un poco sobre los servicios que ofrece tu ciudad, te puedo asegurar que cuentas con un par de huertos a unas cuadras de tu hogar. También puedes armar un huerto pequeño en el patio de tu casa o en una maceta en tu balcón. Participar con tus hijos en el cuidado de estos huertos puede ser de gran provecho, no solamente para cultivar tus propios tomates, lechugas o fresas, sino para enseñarles a tus hijos sobre los distintos procesos en la naturaleza, además del respeto hacia el medio ambiente.

¿Qué mejor manera de estrechar el vínculo con tu hijo o hija? ¿Qué mejor forma de abrir su mundo de actividades y de practicar un sinfín de enseñanzas sin gastar mucho? Aprovecha especialmente esos días con temperaturas agradables para salir en busca de una aventura campestre. Compartir actividades como estas estimula mucho más la imaginación, el vocabulario y ayuda a los niños a conectar lo que aprenden en la escuela sobre la naturaleza con el entorno real, y es además una experiencia inolvidable para los hijos.

Enseña a través de las mascotas

Recuerdo que mis hijas pasaban horas y horas frente al computador. Mi esposa Paula y yo sentimos la necesidad de que tuvieran más contacto con la naturaleza. Pensamos que quizás la solución sería un mascota de la cual se tuvieran que hacer cargo... ¡Seguro estás sonriendo porque también compraste esa mascota, con el mismo fin y terminaste cuidándola tú! ¿Verdad? Bueno… esto fue un poco más particular.

Primero, en esa búsqueda de naturaleza, llevamos a nuestras hijas a un rancho a recoger fresas y, a pesar del intenso calor de Miami, fue una linda experiencia. ¡Aunque terminamos con fresas como para tres meses! En el camino de regreso a casa encontramos un lugar donde vendían todo tipo de animales de granja. Pensé que podía ser buena idea ver si había algún pollito o conejito para ellas. Efectivamente había de todo: vacas, cabras, puercos, gallinas, ovejas… Pregunté por los conejitos pero antes de alcanzar siquiera a mirarlos, encontré a mis hijas con una cabrita de tres meses de vida que se había acercado a ellas. Les insistí que fueran a ver los conejitos, pero no había caso: ellas seguían embelesadas con la pequeña cabra… Hasta que vino lo peor…

—Papá, ¿podemos llevarnos a la cabra?" —preguntaron—. Reí a carcajadas.

—¡No, mi amor! Las cabras necesitan mucho espacio. Son animales de campo. ¡Vengan mejor a ver los conejitos!

—Pero, papá, ¡nuestro jardín es grande! —insistían.

Les dije que era hora de marcharnos y ambas rompieron a llorar. Resulta que el granjero les había contado que la cabrita, de meses de nacida, lloraba mucho porque unos días antes había vendido a su mamá y se había quedado sola.

Subimos al automóvil, pero ¡no paraban de llorar pensando en el triste destino de la cabrita! Mi esposa me empezó a mirar con cara de "cómo eres tan insensible", y la verdad, sentía la presión. En conclusión, mi lustrosa camioneta regresó a casa con una cabra de mascota en la parte de atrás. ¡Insólito!

Me costó mucho que mis hijas entendieran que, a diferencia de un perro, la cabra es un animal de campo y vive afuera. ¡Ellas ya se estaban peleando a ver quién dormía con la bendita cabra! Recuerdo que esa primera noche, como a las cuatro de la mañana, comenzó a llover torrencialmente, como suele suceder en Miami. La cabra comenzó a balar y mis hijas despertaron...

—Papá, la cabra está llorando afuera, se está mojando —me decían.

—Mi amor, la cabra es un animal de campo... ¿O creen que hay techo en las montañas? Se pone debajo de un arbolito, ¡listo y ya! ¡Vuelvan a dormir! —respondí, medio dormido.

Pero ¡la condenada cabra no paraba de balar quejumbrosamente! Finalmente, tuve que salir al jardín, de madrugada, con una lluvia intensa, a salvar la cabra que ¡terminó durmiendo en mi baño!

En resumen, la cabra pasó a ser parte de la familia y creció como si fuera un perro, ¡entrando y saliendo de la casa!

En una ocasión fue un técnico del cable y asombrado me dijo: —Señor, disculpe, ¡me pareció haber visto una cabra caminando por la sala!

—Sí, es nuestra cabra, María del Pilar —le respondí, con toda naturalidad. A fin de cuentas, hacía tiempo que la cabra era una más del hogar.

No es necesario llegar al extremo de comprar una cabra, pero está demostrado científicamente que las mascotas son un verdadero aporte en la formación de nuestros hijos. Aunque históricamente ha existido este vínculo entre niños y animales domésticos, en la década de los ochenta el Instituto Nacional de Salud de Estados Unidos comenzó estudios más rigurosos, que dio a conocer en documentos que señalaban sus beneficios concretos en la educación.

Contar con una mascota adecuada en tamaño, tipo, raza, etc., va mucho más allá de una entretención o compañía, pues ayuda a desarrollar capacidades emocionales como el afecto, y sociales como el compañerismo. Ayudan a disminuir el estrés en los niños, los hacen menos agresivos, disminuye la ansiedad, el dolor de cabeza, el dolor abdominal, alteraciones del apetito y otras afecciones que suelen ser psicosomáticas. En general, los impulsa a tener más actividad física, pues las mascotas en sí son una invitación al juego. También es una de las mejores maneras de enseñar sobre el ciclo de la vida y una lección diaria de empatía. Además, son de gran ayuda para desarrollar en nuestros hijos el sentido de responsabilidad y de cuidado por otro. Lecciones que, a medida que van creciendo, van aplicando en sus relaciones sociales, con amigos, compañeros, etc. Está comprobado que, en general, los niños que crecen con una mascota poseen mayor grado de sensibilidad social y empatía con sus pares. Por lo tanto, son más protectores y cuidadosos con el bien común y desarrollan un mayor sentido social y un mayor grado de responsabilidad en general.

Son tantos los beneficios de poseer una mascota que no en vano en la actualidad la terapia con mascotas es una de las más requeridas para tratar incluso trastornos emocionales mayores, síndromes específicos, traumas, problemas de autoestima, autismo, etc. Además, se sabe que los animales de compañía llegan a interpretar en cierta manera los distintos estados mentales de los seres humanos, e incluso predecir de alguna forma sus intenciones.

Cada quien tiene sus gustos y preferencias en cuanto a mascotas, pero si además llevas a tu hijo a buscar una a un refugio de animales, le estarás dando una gran lección extra de conciencia social, de cuidado hacia el medio ambiente y los animales que seguramente no olvidará jamás.

Viajes, un recurso que no falla

México lindo y querido...

Tuvimos la suerte de llevar a nuestras hijas a un *resort* en México de esos cuya tarifa incluye todo lo que se consume: basta portar la pulsera respectiva para entrar a todos los restaurantes del complejo. Cuando regresamos, mi hija más pequeña estaba en una de sus clases y la profesora preguntó:

—¿Quién ha tenido la oportunidad de viajar a otros países?

Mi hija de inmediato saltó de su silla y dijo:

— ¡Yo, maestra! Conozco muy bien Chile y México".

—¡Qué bien, Almendra! Y ¿qué me puedes decir de México?

—Bueno, México es un país muy bonito, la gente es simpática. Pero para poder comer en México ¡tienes que tener una pulsera! Si no tienes la pulsera, ¡no puedes comer en ninguna parte!"

Cuando nos enteramos de ese "momento magistral" de nuestra hija tuvimos que explicarle de qué se trataba el concepto de hotel donde habíamos estado y que no era parte de la cultura general de México. Y fue una tremenda oportunidad para explorar el tema de las diferencias y similitudes entre los distintos países, comida, costumbres, música, etcétera.

Recuerdo también que desde antes de que naciera mi hija Celeste, yo quería llevarla a Disney World. Tenía la gran ilusión de ver su carita cuando viera a cada uno de los personajes frente a ella. El único problema es que parece que me adelanté un poco y la llevé como a los diez meses. Se quedaba dormida en cada fila de las atracciones y en las que estuvo despierta ¡lloraba de miedo! El viaje fue desastroso. Parece que era demasiada mi ansiedad por mostrarle el mundo y me salté "un poco" de etapa.

Sin embargo, cuando Celeste era bastante más grande, la invité a un viaje de trabajo que tuve durante un fin de semana, mientras estaba en el programa *Escándalo TV*. Debía participar en un festival en Dallas, firmando autógrafos y compartiendo con el público. Celeste tenía unos ocho años y le mandé a hacer una camiseta que decía *Felipe's Manager*. Le dije: "Tú eres mi mánager y la encargada de repartir las fotos a la gente para que yo las firme". ¡Estaba feliz! Absolutamente comprometida con su rol. Claro, eso las primeras dos horas, luego se aburrió y se dedicó a socializar con la gente. Nunca más se acordó de las fotos, o seguramente las cambió por un helado.

Lo importante de todo esto es que viajar con tus hijos puede ser una oportunidad increíble para compartir con ellos. Hay viajes que se hacen en familia, pero te recomiendo que aquellos en los que no puedes llevar a todo el clan, invites a uno de tus hijos. Esto te permite dedicarles un tiempo exclusivo, que sientan que les das una atención "personalizada". Pero debes darles esta oportunidad a todos por igual para no crear conflictos.

Siempre viajo a Chile a ver a mi familia e incluyo a una de mis hijas en ese viaje. La otra se queda con mi esposa, y así ellas aprovechan para realizar actividades madre-hija. En ese viaje toda la atención es para la que va conmigo, y se generan conversaciones que difícilmente se darían con la presencia de todo el grupo familiar. Se produce una relación muy especial. Recuerdo que mi hija pequeña, que es muy sociable, en esos largos viajes de diez horas siempre conocía a alguien en el avión y se iba conversando ¡durante todo el recorrido! Cuando tenía alrededor de unos tres o cuatro años, se despertaba en mitad de la noche y se iba a *business class* a jugar que era una aeromoza y atendía a la gente. ¡Qué divertida vergüenza!

No tienen que ser viajes costosos o con grandes planes. Puede ser uno de fin de semana o incluso, un día de trabajo. Tomar un rumbo nuevo para conocer un pueblo, una comunidad, un museo, un parque o simplemente por salir de la rutina. Todas son oportunidades de desarrollo para nuestros hijos de poder descubrir nuevos lugares, nuevos paisajes, gente distinta. Despierta la curiosidad, genera mayor poder de observación y, tal como te comentaré en extenso más adelante, es también una inmensa oportunidad de valorar lo que tienen, de ver cuán afortunados son, así como también es una ventana al mundo que les permite forjar nuevas metas.

Definitivamente los viajes son el pasaporte directo para crear vínculos y experiencias únicas con nuestros hijos, haciendo más sólida y especial nuestra relación con ellos.

Para reflexionar...

El anciano, el niño y el burro (cuento hindú)

Había una vez un anciano y un niño que viajaban con un burro de pueblo en pueblo. Puesto que el asno estaba viejo, llegaron a una aldea caminando junto al animal, en vez de montarse en él. Al pasar por la calle principal, un grupo de niños se rio de ellos, gritando:

—¡Mira qué par de tontos! Tienen un burro y, en lugar de montarlo, van los dos andando a su lado. Por lo menos, el viejo podría subirse al burro.

—Entonces el anciano se subió al burro y prosiguieron la marcha. Llegaron a otro pueblo y, al transitar entre las casas, algunas personas se llenaron de indignación cuando vieron al viejo sobre el burro y al niño caminando al lado. Entonces dijeron a viva voz:

—¡Parece mentira! ¡Qué desfachatez! El viejo sentado en el burro y el pobre niño caminando.

Al salir del pueblo, el anciano y el niño intercambiaron sus puestos. Siguieron haciendo camino hasta llegar a otra aldea. Cuando la gente los vio, exclamaron escandalizados:

—¡Esto es verdaderamente intolerable! ¿Han visto algo semejante? El muchacho montado en el burro y el pobre anciano caminando a su lado. ¡Qué vergüenza!

Puestas así las cosas, el viejo y el niño compartieron el burro. El fiel jumento llevaba ahora el cuerpo de ambos sobre su lomo. Cruzaron junto a un grupo de campesinos y estos comenzaron a vociferar:

—¡Sinvergüenzas! ¿Es que no tienen corazón? ¡Van a reventar al pobre animal!

Ya el burro estaba exhausto y aún faltaba mucho para llegar a destino, cuando el anciano y el niño optaron entonces por cargar al flaco burro sobre sus hombros. De este modo llegaron al siguiente pueblo. La gente se apiñó alrededor de ellos. Entre las carcajadas, los pueblerinos se mofaban gritando:

—Nunca hemos visto gente tan boba. Tienen un burro y, en lugar de montarse sobre él, lo llevan a cuestas. ¡Esto sí que es bueno! ¡Qué par de tontos!

La gente jamás había visto algo tan ridículo y empezó a seguirlos. Al llegar a un puente, el ruido de la multitud asustó al animal que empezó a forcejear hasta librarse de las ataduras. Tanto hizo que rodó por el puente y cayó en el río. Cuando se repuso, nadó hasta la orilla y fue a buscar refugio en los montes cercanos.

El molinero, triste, se dio cuenta de que, en su afán por quedar bien con todos, había actuado sin el menor seso y, lo que es peor, había perdido a su querido burro.

MORALEJA

Nuestro afán como padres puede motivarnos a seguir indicaciones, consejos y argumentos. La ayuda sensata siempre se agradece, pero al final del día, las sugerencias que escojamos deben estar orientadas siempre al bienestar, desarrollo y felicidad de nuestro hijo o hija, con todo aquello que le hace una persona única. No podemos intentar quedar bien con todo el mundo, pues ese no es el propósito, y seguramente nunca ocurrirá.

CAPÍTULO IX. *La herencia que nadie puede arrebatarles*

Espiritualidad

No soy el tipo más espiritual del mundo ni el más comprometido con mi iglesia. Pero estoy convencido de que no importa cuánto uno pueda heredarle a un hijo en forma material, esto no garantiza su felicidad, y muchas veces ni siquiera el que pueda conservar esos bienes. ¡Hay tantas situaciones que pueden acabar con todo un patrimonio! Por eso intento apuntar hacia esos "bienes" que no pueden ser robados, quemados ni borrados del mapa así como así. Me importa fomentarles a mis hijos la educación, valores y cierta disciplina espiritual. Y no hablo de una iglesia en particular, pues ellos serán libres de escoger su propio camino, sino de brindarles una ruta espiritual y moral que los lleve a contar con herramientas como la fe, que los ayude a mantener un sentido en la vida más allá de cualquier situación y los estimule a salir adelante contra viento y marea.

Tanto a nuestros hijos como a nosotros, la espiritualidad nos ayuda a conectarnos con esa fuerza interna que nos permite superar dificultades y obstáculos. De la misma manera nos ayuda a tomar conciencia de las consecuencias de los actos, así como estimula esos sentimientos de pertenecer y colaborar en mejorar el mundo que nos rodea. Asimismo a veces nos motiva a superarnos y a abrazar causas que se extiendan mucho más allá de nosotros. ¿No son aspectos que quisiéramos para la vida de nuestros hijos? Entonces ¿por qué no buscar con ellos el camino para alcanzarlos? Los expertos dicen que si bien durante los tres primeros años de un niño aún es demasiado pequeño para entender conceptos muy abstractos, ellos están en una etapa en que la curiosidad domina sus vidas. ¡Quieren saberlo todo sobre el mundo! Y esto incluye "lo que se ve" y "lo que no se ve". Esa maravillosa capacidad de asombro por las cosas más simples que tienen los niños los pone en el lugar preciso para conectar con todo aquello que no necesariamente pueden ver o tocar.

¿Se han dado cuenta de cómo asimilan con mayor facilidad la respuesta de que algún ser querido está en el cielo una vez que muere? Es impactante y muy emocionante cuando uno ve a niños que, en medio de la tristeza de los adultos, asumen esa respuesta como algo natural que los reconforta y los hace convencerse de que esa persona que partió continúa cerca de algún modo. Y es que, como muchos expertos dicen, los niños son naturalmente espirituales.

Los especialistas aseguran que el error está en tratar de convertir este proceso maravilloso de "incorporación a nuestro mundo espiritual", a través de ciertos conceptos básicos, en un "adoctrinamiento", algo completamente distinto. El adoctrinamiento es el que muchas veces hace crecer la rebeldía hacia las obligaciones, restricciones, reglas sin sentido, miedo, fe y todo lo que se relacione con religiosidad y/o moralidad. Como resultado, lejos de ser la puerta de entrada a un mundo de valores que mejoran la relación con los demás y le dan sentido a la vida, terminan automarginándose, cansados de haber crecido dentro de una camisa de fuerza.

Tampoco se trata de llenarles esa "cabecita en formación" de ideas radicales y que no estén a su nivel de entendimiento. Hoy en día, afortunadamente existe un inmenso universo de animaciones y juegos que son muy útiles para explicarlo todo, de acuerdo a la edad, ideología, etc. Estoy claro que existen distintas posturas al respecto, y así como hay quienes son muy tradicionales en cuanto a la formación espiritual de sus hijos, hay otros que prefieren que sean sus hijos quienes elijan su camino a seguir cuando estén en capacidad de optar. A nivel personal, valido cada opinión, solo comparto contigo los comentarios de especialistas, así como la información que he recopilado y lo que mi propia experiencia me sugiere para ayudarlos a formar una conducta ética.

Hay un punto en común con todos, independiente de cualquier ideología, religión u opción espiritual, y son esos valores universales que debemos fomentar en nuestros niños y niñas para que sean mejores seres humanos, empáticos, conscientes de su entorno, comprometidos con lo que engrandece y no con aquello que puede ser su perdición.

Algunos aspectos que pueden ayudarte a formar la vida espiritual de tu hijo o hija:

* **Aclara primero tu propia idea de Ser Superior u otras creencias.** Aun cuando no seas el más devoto de la cuadra, primero tienes que estar claro de tus creencias para compartirlas con tus hijos. De otra forma, lo único que vas a conseguir es confundirlos. Las tres preguntas básicas en cuanto a espiritualidad, y que tus hijos en algún momento te harán motivados por su entorno o por alguna situación en particular son: ¿crees en Dios? ¿cómo crees que se creó el mundo? ¿Qué pasa cuando morimos? Es bueno aclarar la orientación que como familia queremos darle a nuestros hijos antes de que estos crezcan. Hoy en día, más que nunca, el respeto a la diversidad genera parejas con distintos orígenes, ideologías y religiones. ¿Cómo van a criar a su hijo? ¿Asistirán a una iglesia? ¿Irá su hijo a una escuela religiosa? ¿Qué tan comprometidos con la iglesia estarán? Es bueno hablarlo antes de que esto sea un tema conflictivo.

Reconozco que en casa es Paula, mi esposa, quien se encarga de motivarnos a llevar una vida espiritual más disciplinada. Sin ser fanáticos ni ortodoxos, es ella quien está pendiente de las celebraciones religiosas, de los sacramentos, del catecismo y de que nuestros hijos vayan creciendo en la fe. Por supuesto que apoyo cada actividad, me sumo y participo, pero agradezco que sea ella quien no baje la guardia al respecto.

* **Comparte la espiritualidad con tus hijos desde pequeños.** La imagen que nuestros niños tengan de Dios, Buda, Alá, Jesús, Mahoma o la Virgen María nunca será la misma a los tres años que a los diez, pero como ocurre con todo, poco a poco se va armando el concepto y convirtiéndose en parte de su vida. Algunos expertos aseguran que cuando son muy pequeños los niños no entienden el real significado de Dios, por ejemplo. Pero otros señalan que esto no tiene mucha diferencia con el concepto que poseen respecto a otros miembros de la familia. Sin embargo, la cercanía y la presencia habitual van armando la idea y el grado de importancia de esa persona como parte de su círculo familiar. En el aspecto de la fe funciona igual, pues crece a través de los distintos rituales, historias, oraciones, etc., que forman parte de la práctica cotidiana de la espiritualidad.

* **Dale confianza en tus respuestas.** Como te he dicho muchas veces, los papás no tenemos por qué saberlo todo, menos en materia espiri-

tual. Y es bueno que tus hijos de vez en cuando sientan esa cercanía y vulnerabilidad. "Hijo, no sé realmente qué sucede cuando morimos. Nadie que conozco lo sabe con certeza. Pero me gusta pensar que..." (y le explicas tu idea del más allá). Eso también le enseñará que estás abierto a las respuestas que sientes que tienen sentido. Lo más importante es que nunca le hagas sentir miedo a preguntar o a cuestionarse lo que no entiende. "¡Eso no se pregunta!", "¡Eso está mal!", "¡Eso es pecado!". Frases como esas acaban con cualquier búsqueda legítima y sincera de espiritualidad.

* **Haz de la espiritualidad algo cotidiano.** No necesitas sumarte a la procesión de rodillas camino a un monte sagrado para enseñar sobre espiritualidad. Hay detalles tan simples como agradecer con una frase antes de comer, por la mañana al levantarse o motivar a tus hijos a orar, rezar o meditar antes de dormir que van creando pequeños rituales y disciplina espiritual. Ahora, si al momento de leerle o contarle un cuento por la noche escoges una fábula, un proverbio chino o alguna lectura que deje mensaje, y juntos pueden comentarlo, tanto mejor.

* **Deja un día a la semana para agradecer.** Para quienes vivimos en Estados Unidos, esto de aprovechar el domingo o el sábado para ir

a la iglesia no siempre es factible. Sé que gran parte de los hispanos trabaja seis o a veces siete días a la semana y un día es insuficiente para cumplir con todas las tareas pendientes. Pero sugiero que al menos creen sus propios rituales de gratitud. Reunirse en familia para compartir las creencias es un excelente ejercicio para ir fomentando la fe poco a poco. Es una buena instancia para que cada uno pueda poner sus dudas, preguntas y necesidades, para resolverlas de acuerdo a la creencia que profesan de forma fluida y natural.

* **Enfócate en el sentido espiritual de las fiestas.** Intenta recordarte primero a ti mismo y luego a tus hijos durante el Día de Acción de Gracias que esta no es la fiesta del pavo, como la llaman algunos, y que la salsa de arándanos o el puré de papas no es lo más importante de la celebración. Esta tiene un propósito, conectado a la historia de Estados Unidos y, por cierto, es muy bonito, porque a diferencia de otras fiestas, lo celebran prácticamente todos los creyentes de cualquier religión. Incluso algunos ateos, agradeciendo a la vida, al universo o incluso, a su propio esfuerzo, pero agradecen. Lo mismo en Navidad, Día de Reyes o Hanukkah. En un mundo tan materialista como el que vivimos, sé que esto suena complicado, pero a veces no lo es tanto, y te aseguro que el resultado es increíble.

Hace unos años, decidimos pasar una Navidad distinta, en familia, pero con un propósito que no fuera esperar a Santa Claus y los regalos, sino compartir. Como en ese momento estaba colaborando con un hogar de niños en Haití y había compartido muchísimo con la fuerza de paz que Chile había enviado a ese país para ayudar con la reconstrucción después del terremoto de 2010, decidimos pasar con ellos la fiesta. Aún no teníamos a nuestros hijos *foster*, así es que Paula y yo nos llevamos a nuestras hijas mayores, Celeste y Almendra. Fue una experiencia única y conmovedora. Llegaron cientos de niños de diferentes hogares. Uno de los militares se disfrazó de Santa Claus y fue una noche mágica, tanto para los niños como para los uniformados que estaban lejos de su familia en una fecha tan significativa.

Al regresar, mis hijas contaron en sus clases sus experiencias, y pienso que plantamos en ellas una semilla que quedará ahí por siempre. Puedo asegurar que hasta hoy la recordamos como esa Navidad diferente, que nos hizo crecer a todos.

* **Enseña a ser positivo frente a la ad-**

versidad. Quizás una de las lecciones más difíciles y más determinantes a lo largo de la vida sea esta: la de mostrarse positivo y feliz, incluso ante las situaciones complicadas. Un problema de salud, un accidente, la falta de trabajo, la mala economía, el éxito y el fracaso se determinan en gran medida por la actitud que nosotros tomamos ante la vida. Y la única manera de aprender a controlarnos, a no perder la perspectiva y a depositar nuestra esperanza en la posibilidad de mejorar, sin "tirar la toalla", comienza cuando somos niños y vemos a nuestros padres pararse y seguir adelante.

* **Enseña a tomar decisiones correctas.** Creo que el valor de lo espiritual no se limita a la relación abstracta con Dios, sino a concretarla día a día en las relaciones, en la escuela, los amigos, en fin, en la vida cotidiana. Recordando la fábula del eco, si queremos que nuestros hijos reciban de regreso bondad, amistad, empatía, respeto, solidaridad, debemos enseñarles a generar lo mismo, y para eso deben tomar las decisiones adecuadas, por más pequeñas e insignificantes que parezcan. Si quieren tener amigos en la escuela, que los quieran y respeten, ellos no pueden ser hostigadores de otros o sumarse a quienes lo hacen, por ejemplo. Y por supuesto, nosotros debemos dar el primer ejemplo en cuanto a esto.

Parte fundamental de la tarea de ser papás 3.0 es estar dispuestos a crecer. Y a hacerlo emocional ¡y espiritualmente!

Conociendo otras realidades: la aventura padre e hija en Haití

Es comprensible querer darle lo mejor a los hijos. Si tuvimos la suerte de vivir sin mayores necesidades, sentimos la obligación de superar esa vida para nuestros pequeños. Si, por el contrario, se ha tenido la experiencia de vivir en condiciones de carencia extrema, se anhela que los hijos no pasen por eso. ¡Queremos que nuestros hijos tengan de todo! Juguetes, ropa, viajes, etc. Antes de nacer ya tienen su cuna, coche, ositos de peluche, etc. Pero a veces, el exceso también es contraproducente. La única forma de sensibilizarlos muchas veces es logrando que conozcan en primera persona otras realidades.

Recuerdo una tarde de sábado, en que vi a mi hija, que en ese momento tenía once años, tendida en el sofá, con cara de aburrida y le dije: "Pero ¿qué te pasa? Vives en una gran casa, tienes todos los juguetes que quieres, tu teléfono, computador, piscina, etc." Y ella me respondió: "Estoy aburrida, papá, no sé por qué". Siempre he pensado que es sumamente natural e incluso positivo que un niño se aburra y que sepa manejar su estado anímico, pero en ese momento me preocupé de que mi hija en realidad no apreciara todo lo que tenía. Y claro, ¿cómo lo iba a apreciar si nunca conoció una realidad diferente? En el caso de mi hija, ¡a los nueve meses ya estaba paseando en Disney World! Y uno, como papá orgulloso de su primera princesa, es capaz de hacer fila por 45 minutos para que la niña entre al jueguito de Peter Pan, y claro, a esa edad, antes de que al fin te toque el turno, ¡ella ya está dormida! La despiertas para entrar al juego y, para mala suerte, lo hace justo cuando aparece el cocodrilo. Entonces se asusta y le da un ataque de llanto... ¡el juego es un desastre! En conclusión: ¡quien quería ir a Disney World era yo, no mi hija, que aún no sabía ni caminar!

A los latinos que llegamos a vivir a Estados Unidos nos sorprende el orden de este país y su infraestructura, porque inmediatamente lo comparamos con nuestros países. Pero el norteamericano que nace aquí y que nunca ha conocido otra cosa, no lo aprecia de igual manera. Por ejemplo, ¡nunca he visto a un norteamericano sorprendido con el hecho de que las carreteras sean tan anchas! ¡No tienen idea de lo que es una carretera común y corriente! ¡Pero los hispanos sí sabemos de eso!

Bueno, en mi afán por que mi hija comprendiera lo afortunada que era, tuve la arriesgada idea de invitarla a un viaje diferente. La invité a Haití. Después de coordinar con mis amigos de la Fundación "Un Techo Para Mi País", quienes hacen una labor increíble de reconstrucción tras el terremoto, tenía listo el plan. Celeste se entusiasmó de inmediato con la idea de hacer un viaje en que fuéramos a ayudar a los niños haitianos que estaban en medio de una situación muy difícil.

Nos embarcamos un viernes en la mañana. Después de una hora y media de vuelo, se comienza a descender en

Puerto Príncipe. Ya desde el avión se puede apreciar un contraste dramático con la ciudad de Miami. Muchas construcciones estaban destruidas, había mucha pobreza que ya desde el aire se dejaba ver.

Llegamos al aeropuerto, que estaba en plena reparación después del terremoto de 2010. Desde ese momento comenzamos a palpar las diferencias con respecto a un viaje de turismo común. En principio, la cinta por donde debían correr nuestras maletas no estaba funcionando y entre todos los pasajeros tuvimos que hacer una cadena humana para ir repartiendo poco a poco las maletas. A la salida del aeropuerto, cientos de haitianos se abalanzaron para ayudarnos con las cosas y gritando en su idioma. Celeste me miraba asustada, aunque entusiasmada con la aventura.

Finalmente contactamos a nuestro amigo de la fundación que nos había ido a buscar. Celeste se subió adelante en la camioneta para que fuera más segura, y yo, junto a otros dos voluntarios, iba atrás. Nuestro primer destino sería el campamento de Canaan, una montaña en la que se albergaban más de setenta mil personas después del sismo, y aún hoy la gran mayoría permanece allí. Gran parte vive en carpas improvisadas y la *Fundación Techo* ha ido reemplazando poco a poco esas precarias carpas con viviendas de primera necesidad. Pero según la Organización Internacional Para Las Migraciones, todavía quedan 146 mil desplazados en Haití tras el desastre natural.

El panorama en el campamento de Canaan era realmente desolador. Es un cerro sin árboles, en medio de un calor infernal y en donde las familias viven en un nivel de pobreza difícil de imaginar. Allí no hay servicios básicos de agua potable o luz. Algunos camiones de la ONU llevaban botellas de agua, carbón y sacos de arroz y frijoles.

Subimos al tope de la montaña desde donde Celeste sacó unas fotografías; nunca olvidaré su rostro al observar el paisaje y sus habitantes. Tenía una sonrisa nerviosa ante una realidad que sus ojos veían por primera vez. ¿Cómo era posible que en solo una hora y media de vuelo el mundo pudiera cambiar tanto? ¿Cómo podía ser tan diferente? Se quedó durante varios minutos pensando, mirando e intentando entender cómo toda esa gente podía vivir así.

Muchos niños se comenzaron a acercar y ella empezó a interactuar con ellos a señales. Se sacó varias fotos y repartió algunos regalos que llevamos. Varios pequeñitos la abrazaban y me sorprendió muchísimo la sensibilidad de mi hija para conectar inmediatamente con ellos. Es maravilloso ver que los niños no tienen los prejuicios que tenemos los adultos. Los niños haitianos y ella se reían y jugaban por igual.

Llegó el momento de partir y con nostalgia nos dirigimos a nuestro próximo destino, que era un pequeño hogar de niños en la zona de Petionville. Manejar en Haití es toda una hazaña. El tráfico es muy fuerte, sumado al calor y la gente que camina sin respetar las avenidas.

Después de algunas horas llegamos al hogar, y Celeste quedó fascinada con los niños. Hubo dos pequeñas que le llamaron especialmente la atención: María y Catalina. Sin imaginar que esta última terminaría siendo su prima, ya que tiempo después sería adoptada por mi hermana. La pequeña María también terminó viviendo en Chile, adoptada por otra familia muy cercana a la nuestra. ¡La vida tiene sorpresas maravillosas! Solo abres una puerta y nunca sabes a dónde te llevará.

Estuvimos tres días en Haití. Al despedirnos, a Celeste se le caían las lágrimas por tener que dejar a sus nuevas pequeñas amigas. "¿Por qué no las llevamos con nosotros, papá? ¡Si una porción de nuestro jardín es del tamaño de todo el hogar!", me dijo.

Por un momento me sentí culpable de haber hecho vivir a mi hija situaciones tan intensas. Incluso pensé seriamente que esto no había sido buena idea. Al contrario, que había sido una idea descabellada. ¡Conocer otra realidad de manera tan brusca, sin filtro! Pero luego, mirando esta experiencia a la distancia, me doy cuenta de que independientemente de los riesgos propios de un viaje como este, fue una experiencia muy transformadora para ella. Hoy en día tiene muy presente, como una de sus metas, ser voluntaria en alguna organización. Incluso, quiere volver a Haití a ayudar con un grupo de doctores que viajan todos los años desde Miami. Esta vez he tratado de que espere para que sea un poco más grande y madura para asimilar la experiencia. Las calles de Haití presentan imágenes fuertes e impactantes, y no me quiero imaginar lo que puede llegar a ver en un hospital.

Este viaje y el que vivimos luego con toda la familia para

la Navidad que conté anteriormente, sin lugar a dudas sembraron la semilla de la empatía, de ponerse en el lugar del otro y de estar conscientes de las necesidades de los demás para poder ayudarlos. Y, sobre todo, les despertó el poder valorar y apreciar como una bendición lo que la vida les ha dado.

Quizás la lección más grande que aprendieron mis hijas fue ver que, pese a la dramática situación que tenían esos niños, también sonreían y eran felices y agradecidos con las cosas más sencillas. Quise demostrarles que la felicidad también existe en medio de la carencia. Y que esta es en realidad una búsqueda al interior de cada uno, más que la acumulación de cosas materiales o entretención pasajera. Allí no había iPhones, ni iPads, ni juegos, ni centro comercial, ni nada parecido. Solo afecto, compañía y solidaridad. Y estoy convencido de que, a largo plazo, son las verdaderas posesiones que hay que cuidar en la vida.

Incorpora a tus hijos a actividades altruistas

El aprender a dar tiempo, ser solidario y preocuparse por otros no necesariamente debe concentrarse en servicios y eventos relacionados a una iglesia. Pasar algunas horas comunitarias en un refugio para animales, o en alguna organización que prepara regalos para niños pobres o que envía dibujos y cartas a ancianos que están enfermos en los hospitales... La verdad, existen miles de opciones para ayudar y apoyar. Con esto tu hijo verá que la espiritualidad y ciertos valores universales ocupan un lugar importante en la vida de ustedes como familia.

Debo contar que cuando decidí realizar el viaje a Haití que acabo de comentar, lo hice pensando en ayudar solamente desde mi posición de comunicador. Por razones de trabajo no podía quedarme una o dos semanas como el resto de voluntarios, y tampoco soy muy bueno con el martillo para dedicarme a construir casas, pero podía llevar una cámara, un camarógrafo y grabar todo lo que pudiera para dar a conocer esa realidad y motivar la ayuda. Y ese fue mi compromiso original, que de hecho quedó plasmado en un video que se puede ver en *YouTube*.

Como la pobreza es tan abrumadora y son miles y miles los niños que viven en la miseria absoluta, una de las cosas que nos habían advertido antes de viajar es no darles caramelos ni golosinas, pues en cuestión de minutos tendríamos a quinientos niños encima y entorpecerían el trabajo de construcción de las viviendas que realiza la *Fundación Techo*. Confieso que no lo pude evitar. ¡Me sentía impotente y egoísta si no compartía algo con esos pequeñitos que nunca tienen acceso a satisfacer sus necesidades básicas, menos aún a darse un gusto, por mínimo que sea!

A uno le regalé unas papitas, a otro una gaseosa y finalmente me pasé el fin de semana con trescientos niños alrededor. Pero hubo uno especial llamado Ricardo, que se convirtió en mi amigo y era quien me mostraba dónde estaba todo. Me mostró su casa y vi que vivía en unas condiciones que me angustiaron. Por la noche mi cabeza daba vueltas pensando: ¿qué pasaría con este niño si pudiéramos subirlo a un avión y darle los medios para que se desarrolle bien? Seguramente su contribución al mundo ¡sería tan diferente! ¡Cómo es posible que las circunstancias geográficas limiten tanto! La verdad, en un primer momento, regresé de Haití con una sensación bastante desesperanzadora. Pensaba en que cambiar una carpa por una casa básica seguía siendo insuficiente ante esa realidad aplastante. ¡No hay acceso a más! El nivel de vida y esperanza para miles de familias allí está completamente limitado, como ocurre en tantos lugares del mundo.

Luego, tal como conté al inicio de este capítulo, me llamaron para ayudar a un pequeño orfanato en Haití. Como se trataba de ese país, que ya conocía y quería, me llamó la atención, pues sentía que tener niños en una casa y ayudar a ponerlos en adopción con familias de otros países, con mejores perspectivas, era más esperanzador para ellos. Un niño que se pueda sacar de esa realidad es una victoria.

El hogar era una casa muy modesta, con veinte niños que empezamos a apadrinar con la ilusión de sacarlos de esa miseria y brindarles una nueva oportunidad. Comencé a viajar mensualmente a Haití y a trabajar con ese propósito.

Con el tiempo el hogar se cerró, pero muchos niños fueron adoptados, algunos en Chile y en otros países. De hecho, en ese lugar mi hermana encontró y adoptó a su hija Catalina, una de las consentidas de mi hija Celeste en su primer viaje a Haití. Un amigo productor de televisión y su esposa adoptaron a la pequeña María. Es decir, hubo varias historias con final feliz.

¿Recuerdas al pequeño que era mi guía? Pues es otra

de las historias de éxito que me han hecho bien al alma. Durante una de las visitas que hicimos tuvimos la oportunidad de llevar a un grupo de niños a disfrutar de un día de piscina en un hotel. Eran unas horas de felicidad y esparcimiento que tratábamos de darles a esos pequeños, que ni soñaban con un lugar parecido. En medio de esa actividad, conocí a Sophia, una norteamericana que se hospedaba en el hotel, quien quedó fascinada con uno de los pequeños, que para entonces tenía seis años. Le encantó su personalidad, su carisma, su elocuencia, a tan corta edad y, sobre todo, en medio de toda la miseria en la que había crecido.

Sophia y yo intercambiamos teléfonos por cortesía, pues ella me comentó que quería tener más detalles de cómo ayudar a los niños. Jamás imaginé que verdaderamente volveríamos a hablar. Semanas después, en Miami, recibí una llamada suya para indagar sobre el proceso de adopción, pues quería adoptar al pequeño que había conocido, a Ricardo.

No voy a entrar en todos los detalles, pero doy fe de que esta mujer hizo hasta lo imposible durante cuatro años para lograrlo. En más de una ocasión estuvo a punto de abandonar la empresa, pues tuvo todos los obstáculos imaginables de inmigración y costosísimos trámites. Cuando ya pensaba que el destino de Ricardo sería Haití y yo comenzaba a redactar este libro, recibí un correo de Sophia contándome que al fin tenía a su hijo haitiano en casa, ¡con una foto del pequeño en Disney World! ¡Llevaba apenas unos días y ya lucía como otra persona! No se imaginan la alegría, la emoción y el regocijo que sentí cuando vi ese mensaje. No pude dejar de pensar cómo un viaje y una simple conversación con alguien puede ser la llave que cambie el destino de un pequeño.

No se trata de grandes o pequeños compromisos, pero soy un convencido de que todo lo que hacemos y enseñamos a hacer por el bien de otro genera frutos. Sé que mis hijas y ahora mis hijos *foster* entienden lo que significa dar pasos como estos, sacrificar un mínimo de tiempo por algo noble. Son mensajes que, te puedo garantizar, calan más profundo que un discurso.

Discrimina quien ha visto discriminar

Hace poco leí que la cantante inglesa Tahliah Debrett Barnett, o FKA Twigs, como se le conoce, novia del actor Robert Pattinson, estaba pasando duros momentos por culpa de las fanáticas de su pareja. Él es uno de los galanes favoritos de las adolescentes, pero los comentarios en contra de Tahliah se salieron de proporciones, pues la atacaban directamente y con todo tipo de ofensas debido al color de su piel.

Me pregunté qué hacía que los niños y jóvenes discriminen y sean tan crueles. Hace un tiempo una de mis hijas me contó algo sobre un compañero nuevo que había llegado a la escuela; cuando encontramos en la calle a un grupo de sus amigos, me comentó: "Ese es el niño nuevo del que te hablé hace unos días". En el grupo había un par de americanos "anglo" y un afroamericano. Cuando le pregunté: "¿Cuál es?", ella me respondió: "El de gorra". Pudo haber dicho "el moreno" o "el blanco", pero afortunadamente no hace esa diferencia. Para ella son solo niños.

Pues concuerdo con los expertos, como la terapista de familia Marlene González, que aseguran que la discriminación es una conducta adquirida. Por naturaleza los seres humanos no nacemos discriminando, lo vamos asimilando a medida que aprendemos juicios de valor sobre lo que observamos: esto es bueno o malo, lindo o feo, gordo o flaco, blanco o negro, asignándole características generalizadas y subjetivas. Durante los primeros años esos juicios los armamos de acuerdo a lo que escuchamos o vemos en nuestro ambiente. Si un niño escucha a su padre referirse con groserías y comentarios que ridiculizan a alguien por su diferencia física, de raza, o por su religión, ese patrón es el que seguramente seguirá hasta que sea capaz de armar su propia percepción cuando sea más maduro. "Lo que los padres le muestran es lo que el niño desarrollará, pues se tiene que identificar con su grupo, para ser parte de este, para que lo reciban y lo acepten. Para esto debe ser igual a ellos y empieza a copiar lo que ve, lo que escucha. Copia especialmente al padre o [a la] madre, que son quienes tienen el poder. Lamentablemente en la mayoría de los casos el ser humano se identifica primero con lo negativo. Cuando un niño ve que esa persona que es la que más grita, más insulta y es más fuerte, es la que todos temen, en general, asume que es el modelo a seguir, pues tiene poder", comenta la experta.

Lamentablemente, a veces la influencia es tan fuerte que ese patrón discriminador, abusivo y tóxico en general no termina... Por el contrario, se acentúa con odio y rechazo. "Un niño no sabe que seguramente el modelo que está siguiendo también conoció el mismo patrón de sus padres. Y ese padre no entiende que está traspasando ese modelo de una generación a otra. Por eso debemos estar conscientes de que podemos parar ese círculo vicioso tan dañino", agrega la especialista.

Tal como se lee en un documento de las Naciones Unidas sobre discriminación y racismo: "La discriminación acentúa de manera arbitraria determinadas diferencias entre personas y grupos. Es decir, genera un tratamiento desfavorable hacia las personas por razón de su origen étnico, color de piel, género, idioma, religión, nacionalidad, clase social, opinión política u orientación sexual".

Si tenemos hijas, sabemos que pueden ser objeto de discriminación de género, así como por su origen (hispano), su idioma o su religión. ¡Nosotros mismos podemos ser víctimas, y quizás tú lo has sido en más de una ocasión en tu trabajo, en una organización, en un restaurante o hasta en la calle! ¡Se discrimina en todas partes!

¿Cuántas veces hemos sido testigos de comentarios sobre alguien por su aspecto físico producto de alguna capacidad diferente? En 2004, en una de las emisiones del Teletón de mi país mostraron una historia que me impresionó profundamente. Se trataba de un joven llamado Sebastián Demangel, de poco más de veinte años, que en 1998 había sufrido un accidente de tránsito y, como consecuencia, después de una ardua rehabilitación, quedó con una severa disfunción para caminar y hablar. A pesar de la frustración del primer momento, él adoptó una actitud positiva impresionante y luchaba a diario por incorporarse al mundo, tal como lo hacía antes de su accidente. Intentaba volver a estudiar, y aunque se movía con mucha dificultad, se trasladaba por sí mismo en el complicado transporte público. El problema era la sociedad, que llena de prejuicios, solía interpretar la mezcla de problemas para caminar y para hablar, más su optimismo, como una borrachera.

Era muy común que al principio los choferes de los buses, y hasta los mismos pasajeros, lo bajaran a empujones al creer que se trataba de un borracho. Lo mismo le sucedía cuando intentaba pedir alguna dirección en la calle. La gente solía mirarlo con desprecio, ignorándolo e insultando al "tipo pasado de copas". Mario Kreutzberger, Don Francisco, se preguntaba: ¿cuántas veces catalogamos injustamente a alguien por su aspecto? Lo mismo me pregunto ahora. "La vista engaña muchas veces y se teme a lo desconocido, a lo diferente", decía Sebastián, con un optimismo que hasta el día de hoy me emociona recordar.

En general, los seres humanos somos muy unidos para exigir derechos y el respeto hacia nosotros cuando nos toca ser minoría, pero no siempre pagamos con la misma moneda. Incluso, cuando se trata de otros en la misma situación. ¿Cuántas veces los mismos latinos tratamos despectivamente a otros latinos por su origen étnico? Lo cierto es que en todo orden la discriminación ha causado los mayores horrores de la humanidad. ¿No te parece que es tiempo de cambiar el modelo a partir de nosotros y nuestros hijos?

El valor de la diversidad

Agradezco a la vida el tener una carrera que me haya permitido conocer e interactuar con gente de distinta procedencia, raza, nacionalidad, opciones sexuales, capacidades. Eso me ha llevado a descubrir situaciones maravillosas y a aprender de cada una. Estoy convencido de que en la diversidad está la riqueza. Y me parece que si esperamos que nuestros hijos reciban ese eco de aceptación, es eso mismo lo que debemos fomentar en ellos.

Hace un tiempo descubrí los libros de Fred Rogers, un educador y activista estadounidense que durante gran parte de su vida, se dedicó a dar a conocer por medio de programas de televisión pública y literatura todo su conocimiento sobre la crianza de niños. Uno de sus libros se titula *Let's Talk About It: Extraordinary Friends* y es una fuente de primer orden para aprender cómo manejar con nuestros hijos el tema de las capacidades diferentes. A través de seis historias reales acaba con los estigmas y demuestra el nivel de conexión que pueden tener los niños y todo lo que pueden ganar "gracias" a sus diferencias. Te lo recomiendo.

El mismo autor escribió *El libro de la paternidad responsable*. En este proporciona información que muchas veces nos hace falta para ayudar a que nuestros niños se sientan bien con la manera en que son, especialmente cuando tienen características especiales, sufren de alguna enfermedad o poseen capacidades diferentes. Es muy importante reforzar en nuestros hijos, lo más temprano que se pueda, esa confianza en su propia naturaleza, por única que sea. Muchas veces escuchamos entre papás de pequeños de kínder el comentario "los niños son crueles". No es que lo sean, sino que a esa edad, cuando empiezan a socializar, comienza el proceso de "clasificación", en el que empiezan a encontrar a aquellos con intereses comunes a los suyos y a aquellos con los que no se sienten a gusto.

El problema está en que en ocasiones, por personalidad, y sobre todo por influencia de su entorno, reaccionan a esas diferencias. Si traen el patrón de tolerancia y respeto hacia otros, por diferentes que sean, esa clasificación fluye naturalmente. Es decir, se empiezan a juntar con aquellos niños con los que sienten "química", sin fijarse en características físicas o superficiales. Y con los que no la tienen, simplemente se mantienen al margen, pero sin atacarlos verbal ni físicamente. Por el contrario, aquellos niños que se burlan, lastiman y comienzan a crear "grupos separatistas", por decirlo de alguna manera, generalmente obedecen a aquellos que han crecido escuchando comentarios negativos en contra de otros por su aspecto, nacionalidad, raza, color, religión, etc. Van sumando aliados entre los que, según sus primeros juicios de valor "son como ellos", y a los que no calzan en su modelo ideal los atacan. Estos son los típicos niños *bully* de las escuelas. Al menos para mí sería un gran dolor ver que mi hijo o hija lastima a otro simplemente por ser diferente. En mi caso, no lo tolero.

Somos nosotros como adultos quienes debemos ayudarlos a limpiar ese filtro de clasificación, si es que vemos un asomo de discriminación en nuestro hijo. Por ejemplo, cuando nos encontramos en la calle o en un centro comercial con niños con ciertas características físicas, quizás les llamen la atención y los miren. Nuestro trabajo no es regañarlos, impedirles que miren o empujarlos para salir luego del lugar, sino tomarlo como algo natural y destacar algo en común. "Tiene el mismo juguete que tú tienes en casa", por ejemplo. Además, se recomienda hablar con nuestros hijos sin rodeos sobre lo que a veces nos hace lucir distintos y sus causas naturales, como la raza, para que no sientan que esto es algo malo, sino que refuercen que lo valioso precisamente es ser único.

En la mayor parte de las ciudades de Estados Unidos y en muchos países del continente existen clubes infantiles y juveniles donde se enseña a los chicos a valorar las diferencias. En muchos casos aprenden también a desarrollar la conciencia social y entienden la importancia de los recursos que deben existir en una ciudad para hacer más viable la vida de quienes poseen requerimientos diferentes, como elevadores y rampas para facilitar el traslado de sillas de ruedas y coches de bebé, semáforos audibles y letreros en sistema braille para ciegos, estacionamientos asignados para personas con dificultades físicas, lenguaje de señales para sordos, etcétera.

Cuando no nos sentimos preparados para enfrentar alguna pregunta o inquietud de nuestros hijos, es mejor decirles que vamos a averiguar y luego retomamos el tema con confianza o con la ayuda de un experto. Recuerda que a veces una mala respuesta, o bien, apresurada, puede rebotar en que nuestro hijo la repita con la persona involucrada, o sea, otro niño, y le resulte tremendamente doloroso.

La diversidad no debe convertirse en sinónimo de problema o algo negativo. Por el contrario, si nuestros niños reconocen y valoran desde pequeños que las similitudes y las diferencias existen, pero que el conjunto que forma a una persona es lo que la hace única y que eso precisamente le da valor, seguramente crecerá socialmente saludable y comprensivo con su entorno.

Mensajes que nunca debemos enviar

Miedo + comodidad = Decisión equivocada

Me preocupa mucho darles un buen ejemplo a mis hijas con respecto a lo importante que es no tomar decisiones basadas en el miedo o en la comodidad. Nunca me ha gustado adoptar un camino según qué tan cómodo me resulte o no tomarlo simplemente porque el miedo me paraliza. A través de mi vida las decisiones en las que he superado ambos aspectos son las que a la larga me han dado mayores satisfacciones.

Entre estas decisiones se encuentra el mudarnos a Estados Unidos. En nuestro caso, afortunadamente no había necesidad de hacerlo. Por el contrario, con la migración ¡se nos complicaba la vida! Era mucho más cómodo y menos arriesgado para nosotros seguir como estábamos, quedándonos en Chile. Sin embargo, no me arrepiento de haberlo hecho.

Incluso, muchas veces prefiero tomar decisiones en contra de la comodidad para saber que no ha sido esta la que ha optado por mí. Además, es una sensación engañosa, realmente falsa. Por ejemplo, cuando tenemos hijos, es cierto que a veces nos sentimos agotados y esos momentos pueden llevarnos a pensar que si no hubiésemos tomado esa responsabilidad estaríamos mucho más tranquilos. Pero si conoces a alguien que no los tiene, sabrás que puede que esté tranquilo, pero seguro ¡está loco por tener hijos! No en vano, hay mujeres y hombres que pagan miles y miles de dólares por "tener esa incomodidad" en sus vidas. Hay una suerte de trampa en todo esto. Conozco gente que aparentemente tienen el "mundo perfecto", pero suelen estar deprimidos, soñando con ese plan familiar que tú y yo tenemos a diario.

A lo largo de mi vida, muchas veces me he cuestionado si he tomado buenas decisiones, como seguramente te pasa a ti también. Y de hecho, desde que arrancamos en esta aventura de ser *foster parents* me lo he cuestionado. ¡Créeme, no es fácil dar la cara a diario en todos los frentes! Pero al final del día me motiva el tratar de darle a mis hijas lo que considero es el ejemplo correcto. Quizás me equivoco, pero esa es la intención.

Dar por sentado lo que se tiene

Es otro de los mensajes que me parece no debemos enviarle nunca a nuestros hijos. Tal como comentaba anteriormente, la mayoría de nosotros, como papás cada día hacemos hasta lo imposible porque nuestros hijos vivan de la mejor manera posible, que cuenten con todo lo que necesitan y quieren, que no les falte absolutamente nada… Pero es importante que estén conscientes de que somos afortunados de contar con lo que nos rodea.

Especialmente cuando se crece en grandes ciudades o en un país como Estados Unidos, no se valoran detalles tan simples como tener acceso a una bebida helada cuando se tiene sed. ¡Es parte de nuestra cotidianidad! Pero en lugares como Haití, eso sería un sueño. Recuerdo que una de las cosas que más disfrutaba de mis viajes a ese país era salir del hogar de niños, caminar una cuadra y comprar una bebida fría que ponían en unos canastos con hielo. ¡Esa bebida helada era como ir al mejor restaurante! Disfrutamos todo dependiendo del contexto en el que estamos.

Mensajes que reforzar

¿Qué mensajes debemos reforzar en nuestros hijos cada día? He aquí mi lista:

*Siempre hay una nueva oportunidad

Es bueno que nuestros hijos sepan que las circunstancias a veces pueden cambiar, por distintas razones, y podemos perder lo que nos hacía la vida más fácil. Sin embargo, eso no nos quita la voluntad, la educación que tengamos y el poder de continuar avanzando contra viento y marea. La vida no se trata de situaciones ideales, sino del poder para adaptarse a las circunstancias. La capacidad de levantarnos después de una caída, sacudirnos el polvo y seguir es mucho más valiosa y aleccionadora que no tropezar jamás. De hecho, mis mejores logros se han dado siempre después de una etapa de crisis o fracaso. Las caídas te obligan a plantear nuevos objetivos, a buscar nuevos rumbos, y eso es muy importante que los hijos lo sepan. Que no tengan miedo a arriesgar y que comprendan que el fracaso es parte de la escuela del éxito. (Ya parezco motivador).

*Dar y recibir, ecuación en equilibrio

Así como recibimos el dinero uno o dos días al mes, lo tenemos por corto tiempo y enseguida lo intercambiamos por comida, ropa, entretención, gasolina, etc., así me parece que fluye todo en la vida. Mientras se mantiene esa ecuación de entregar algo de lo mucho que recibimos, el ciclo continúa sin problema.

Cuando llegaba de los viajes a Haití, lo hacía con satisfacción, con esa sensación de placer por haber visto sonrisas, de haber cambiado en algo la dinámica de otros. Si pudiera describir algunos de los momentos de mayor satisfacción en mi vida, sin duda eran esos viajes. ¡Mejor aún que regresar de Los Ángeles con el salario en el bolsillo! La satisfacción de volver, a veces, sin ducharte en algunos días, con la barba crecida y la ropa sudada es incomparable. Y no lo digo como cliché, pues pocas cosas en la vida te pueden dar mayor regocijo que hacer felices a otros.

*Descubrir la belleza donde aparentemente no la hay

Tengo un hermano sacerdote que vive en las poblaciones más pobres de América Latina, y siempre hablamos de lo que significa aprender a ver la belleza de las cosas. Él puede ir a la población más pobre de cualquier país y ver realidades dramáticas. Sin embargo, allí también encuentra belleza, encuentra comodidad, encuentra paz, encuentra esperanza, familias y amor incondicional. Nosotros también podemos hacer ese ejercicio espiritual donde nos encontremos y enseñarle a nuestros hijos a realizarlo. Seguramente les puede ayudar a superarse emocionalmente en muchas ocasiones a lo largo de sus vidas.

*"Desacomodarse" para encontrar la felicidad

No siempre la comodidad y los bienes son sinónimo de felicidad. Y esta es otra gran lección que he aprendido de mi hermano el sacerdote, que de esa manera vive la "paternidad". Él creció siempre con comodidad y recorrió el mundo, pero finalmente su opción de vida fue esa, dedicarse de lleno a los más necesitados. Lo admiro muchísimo porque definitivamente ino tengo su vocación! A mí me gustan ciertas comodidades, sin duda, pero siempre hablamos sobre cómo en ocasiones el "desacomodarse" es la puerta de entrada a lo que buscamos, a nuestro propósito de vida, que finalmente nos da la paz y la felicidad. Por eso siempre me repite "rico no es el que más tiene sino el que menos necesita".

* Persiste, persiste, persiste

Si tienes hijos adolescentes sabrás que esto en el papel se lee fácil, pero no lo es. No importa. El punto es no cansarse en ese objetivo, cuando es noble y estás seguro de que va en favor de tu familia y tus hijos.

¿Quieres motivarlos a que estudien, que aprovechen las oportunidades y a veces sientes que tu discurso cae en terreno vacío? Persiste, no te rindas. ¿Quieres demostrarles que estás ahí, aunque te ignoren o muestren que no quieren hablar contigo? Persiste, no te rindas. Persiste que al final hay una recompensa. Quizás en el agobio del minuto no la ves, pero allí está.

El poder que tenemos los papás es muy grande. Es

el poder de cambiar la vida de una persona. Te "prestan" un hijo y te dan acceso a una computadora vacía. De ti depende llenarla de virus o de programas efectivos para que esa máquina inteligente genere vida y felicidad en mucha gente, empezando por ti. Es la misión más importante que tenemos y no podemos darnos el lujo de fallar, porque tiene un costo muy alto, pues al igual que los logros, va más allá de nosotros. ¡Y esa es la magia!

Para reflexionar...

El eco (Autor desconocido)

Un hijo y su padre estaban caminando en las montañas, cuando, de repente, el hijo se cayó, se lastimó y gritó: "¡AAAhhhh-hhhhhhhhhh!"

Para su sorpresa, oyó una voz repitiendo, en algún lugar en la montaña: "¡AAAhhhhhhhhhhhhhhh!"

Con curiosidad, el niño grito: "¿Quién eres tú?"

Recibió de respuesta: "¿Quién eres tú?"

Enojado con la respuesta, gritó: "¡Cobarde!"

Recibió de respuesta:"¡Cobarde!"

Miró a su padre y le preguntó: "¿Qué sucede?"

El padre sonrió y dijo: "Hijo mío, presta atención".

Y entonces el padre gritó a la montaña: "¡Te admiro!"

La voz respondió: "¡Te admiro!"

De nuevo el hombre gritó: "¡Eres un campeón!"

La voz respondió: "¡Eres un campeón!"

El niño estaba asombrado, pero no entendía.

Luego el padre explicó:

"La gente lo llama eco, pero en realidad es la vida… Te devuelve todo lo que dices o haces… Nuestra vida es simplemente reflejo de nuestras acciones. Si deseas más amor en el mundo, crea más amor a tu alrededor… Si deseas más competitividad en tu grupo, ejercita tu competencia… Esta relación se aplica a todos los aspectos de la vida… La vida te dará de regreso exactamente aquello que tú le has dado.

MORALEJA

Hoy es el momento de desarrollar en nuestros hijos los valores, principios y actitudes que queremos que ellos repitan mañana. Lo que reciban de regreso será precisamente lo que ellos mismos aprendan a dar al mundo. Y quienes lo moldean somos nosotros.

CAPÍTULO X. *Los abuelos, figuras primordiales*

Enseña a valorar a los abuelos

Los abuelos son figuras muy importantes en la vida de nuestros hijos. Tengo amigos que por distintas circunstancias han perdido tempranamente a sus padres y suelen comentar la falta que sienten sus hijos de esa figura tierna, cariñosa e incondicional que representan los abuelos. En el caso de mi esposa y yo, al ser inmigrantes en Estados Unidos, nuestros padres muchas veces están lejos y eso dificulta la relación con sus nietos. Pero cada vez que podemos, viajamos a verlos o los invitamos a pasar una temporada en nuestra casa. ¡A mí me encanta cuando vienen! (Sí, seguramente estás pensando que digo esto porque mis suegros van a leer el libro). Aunque tengo que confesar que hay días en que tratar de complacer a nuestros padres o a los suegros, más los niños y toda la actividad extra que involucra, es agotador: muchas veces también quiero escaparme. Pero ver a mis hijas que tienen que esperar a la abuela que se demora en salir, que deben hablarle muy, pero muy fuerte para que escuche, que hay que ayudarla a caminar, etc., me gusta. Sí, me gusta mucho. Nuestros hijos tienen que saber que como nietos también son su responsabilidad. Y si no creas esa conciencia desde ya en tus hijos, ¡prepárate! ¡Tus nietos no te van a visitar ni para Navidad! Si tus hijos ven que te mantienes pendiente de tus padres, probablemente en el futuro estarán a su vez pendientes de ti.

Los abuelos son papás más experimentados o, como dicen en mi país, "con más cancha", y esa ventaja, bien administrada, puede convertirlos en tremendos aliados, onsejeros, intermediarios y hasta confidentes de tus hijos. Si te fijas bien, la relación de los nietos con los abuelos es una de las más estrechas, que más marca la vida de una persona y es absolutamente enriquecedora para todos. Es cierto eso de que los abuelos llegan a sentir mayor devoción y cariño por sus nietos que por sus hijos. La mayor parte del tiempo sienten que ya no están para castigar, ni para disciplinar como lo hicieron con sus hijos. Esa tarea ya la cumplieron, y si durante toda su vida estuvieron presionados por el trabajo y la falta de tiempo, ahora tienen la oportunidad de hacer todo aquello que les habría encantado hacer contigo y no pudieron. Con la edad, llega también la calma, la paciencia se duplica y lo que quizás antes era imperdonable, hoy puede ser considerado una "travesura de niño". ¿Y a qué niño no le sienta bien que lo consientan de vez en cuando?

Con los abuelos y abuelas se pueden hacer cientos de cosas que a veces los papás no pueden por su ocupación. No hay nada más entretenido que cocinar con la abuela, preparar un huerto con el abuelo, recorrer el parque, visitar lugares que fueron importantes para ellos, etc. Y si nosotros instamos a nuestros hijos a valorar la presencia de sus abuelos, su experiencia, sus historias, ellos se convertirán en una esponja, tratando de captar lo mejor. Créeme que esta relación es una inyección de vida para todos, pues si bien tu hijo o hija guardará para siempre esos momentos y todo lo aprendido, los ancianos rejuvenecen cada vez que se sienten valorados.

Mi querido viejo sabio

Existen culturas donde el rol del abuelo, del anciano del hogar, es privilegiado. Más aún, en muchas culturas primitivas, ¡el paso de los años era considerado todo un privilegio! A los ancianos se les consideraba símbolo de sabiduría y autoridad.

Ellos poseían una cosmovisión que podían transmitir oralmente, e incluso eran capaces de conectar con los antepasados y de conocer el futuro. No en vano, la mayor parte de los chamanes en distintas culturas aún hoy suelen ser ancianos, pues es la experiencia la que les otorga la facultad para tomar mejores decisiones y juzgar sabiamente, y muchas veces hasta de practicar la medicina tradicional y curar. Sin embargo, en la cultura occidental la palabra anciano fue adquiriendo ribetes negativos. Según los estudiosos, esto se origina en la Antigua Grecia, en cuya concepción de belleza era importante la juventud.

Sin embargo, es interesante notar que en las culturas indígenas o autóctonas el papel de los ancianos es muy importante. Entre los mapuches, la mayor comunidad originaria de Chile, por ejemplo, hay una leyenda que explica el origen de la vida, en la cual se puede apreciar claramente el papel de los ancianos. Según tal leyenda, después de la lucha entre dos serpientes que representaban el bien y el mal, sucedió una gran inundación. Solo hubo cuatro sobrevivientes: una pareja de ancianos, llamados fuxakeche, y una pareja de jóvenes, llamados wechekeche. La pareja joven dio inicio a la vida, orientada por la pareja de ancianos, que fueron los encargados de transmitirles la cultura. De hecho, hasta la actualidad, a pesar de las influencias externas, en sus comunidades los ancianos son llamados kimches o sabios, y son quienes se encargan de conservar el patrimonio cultural que les pertenece.

Entre los mayas, a los ancianos se les llamaba principales, y estaban destinados a orientar, a señalar el camino y a celebrar ceremonias gracias a su experiencia y prestigio dentro de la comunidad. Eran quienes conocían los secretos de la cultura, su historia y, en síntesis, su memoria. Los maoríes, en tanto, el pueblo nativo de Nueva Zelanda, uno de los últimos sitios colonizados por los europeos, han logrado conservar gran parte de su cultura en gran medida gracias al legado transmitido por los ancianos, que les han dejado desde sus danzas o hakas, canciones, rituales y hasta su cosmovisión. Incluso, algunos descendientes de esta cultura han creado programas llamados "sanación de las abuelas", que reúnen todos esos elementos culturales.

Si nosotros realmente logramos apreciar la experiencia que llega con las canas, nuestros ancianos, además de sentirse queridos, valorados y tomados en cuenta, pueden involucrarse mucho más en transmitir esa experiencia a los más jóvenes. Son un gran aporte.

Recomendaciones para tratar con los abuelos

Muchas veces, el argumento de algunos papás y mamás en contra de la crianza o cercanía de los abuelos es que "malcrían" a los nietos. Para eso es necesario ponerse de acuerdo y simplemente pedirles, de la manera más cariñosa, que aprovechen esta oportunidad para hacer lo que mejor saben hacer, que es dar amor y pasar un momento entretenido. De las reglas, nos encargamos nosotros, los padres. Y por supuesto, que no intenten cambiar radicalmente el "rayado de cancha" que tengamos con nuestros hijos para no crear confusión en ellos.

No podemos dejar de tener en cuenta que para muchos abuelos la interacción con los nietos representa una nueva oportunidad para reparar errores u omisiones que tuvieron con sus propios hijos. Ten paciencia. No es tan difícil llegar a acuerdos cuando se hace de la manera adecuada, especialmente si les dejamos entender a nuestros padres que valoramos el apoyo en la crianza de los niños, su compañía y la experiencia que podemos compartir.

Toma en cuenta que:

* Pueden cuidar a tus hijos en situaciones de emergencia.

* Ayudan a mantener el vínculo generacional con sus historias y recuerdos.

* Los abuelos pueden apoyar y orientar en momentos de crisis.

* Son perfectos para compartir juegos e intercambiar conocimientos. Mientras los nietos pueden aprender muchísimo de la simpleza y creatividad que se usaba antes para resolver situaciones, hoy los abuelos también pueden aprender de la modernidad. ¡A muchos les encanta que sus nietos les enseñen a usar la tecnología! Que puedan lograrlo o no, no importa. Lo más valioso es el tiempo compartido.

Es importante que:

* No abandones a tus padres. Visítalos en forma periódica si es que no viven contigo. Si están lejos, llámalos, escríbeles o envíales mensajes de tus hijos, tarjetas, videos, fotos... La idea es que se sientan conectados a ustedes y no abandonados... Además, hoy en día ¡no hay excusa! La tecnología está acercando mucho a la gente. A veces mi esposa está cocinando junto a mis hijas ¡y hablando con mi suegra por Skype! Me encanta mi suegra... (Por Skype, claro).

*Cuando tengan la oportunidad de estar juntos, incentives a tus niños a que aprendan algunos de los pasatiempos o habilidades de sus abuelos como cocinar, tejer, bordar, pintar, etc. De esta manera, con el paso del tiempo, conservan esos recuerdos y es también una manera de extender esas actividades como un homenaje a ellos y una tradición familiar que de otra forma se perderá.

*Es bueno mantener visibles fotografías de los abuelos, de manera que tus niños puedan verlas permanentemente y los sientan parte de la familia cercana.

* Pon a prueba la regla de los treinta segundos con tu padre o madre y demuéstrales cuánto significan en la vida de ustedes como familia y la gratitud que sienten por su presencia. (La regla de los treinta segundos se explica en el Capítulo VI: según el autor John Maxwell, al establecer un diálogo con cualquier persona hay que decirle algo amable en los primeros treinta segundos de conversación).

Te aseguro que ese cariño de abuelo o abuela es irreemplazable. Generalmente, nuestros abuelos ocupan los mejores recuerdos de la infancia de todos nosotros.

Para reflexionar...

El abuelo y el nieto (cuento de los Hermanos Grimm)

Había una vez un viejo muy pobre que apenas veía, tenía el oído muy torpe y le temblaban las rodillas. Cuando estaba a la mesa, apenas podía sostener su cuchara, dejaba caer la copa en el mantel, y aun algunas veces, se le escapaba la baba. La mujer de su hijo y su mismo hijo estaban muy disgustados con él, hasta que, por último, le dejaron en un rincón de un cuarto, donde le llevaban su escasa comida en un plato viejo de barro. El anciano lloraba con frecuencia y miraba con tristeza hacia la mesa. Un día se cayó al suelo, y se le rompió la escudilla que apenas podía sostener con sus temblorosas manos. Su nuera le llenó de improperios a los que no se atrevió a responder, y bajó la cabeza suspirando. Compráronle por un cuarto una tarterilla de madera, en la que se le dio de comer de allí en adelante.

Algunos días después, su hijo y su nuera vieron a su niño, que tenía algunos años, muy ocupado en reunir algunos pedazos de madera que había en el suelo.

—¿Qué haces? —preguntó su padre.

—Una tartera —contestó—, para dar de comer a papá y a mamá cuando sean viejos.

El marido y la mujer se miraron por un momento sin decirse una palabra. Después se echaron a llorar, volvieron a poner al abuelo a la mesa; y comió siempre con ellos, siendo tratado con la mayor amabilidad.

MORALEJA

El ejemplo de trato, valor y respeto que nosotros les demos a nuestros padres, abuelos y ancianos en general, será el que seguramente recibiremos de parte de nuestros hijos cuando nos toque llegar a esa altura de la vida.

CAPÍTULO XI. *De niña a mujer: la aterradora etapa* teen

Carta a mi hija Celeste

Celeste, tenemos que hablar. Algo le está pasando al tiempo que transcurre muy rápido. Ha terminado el día de tu cumpleaños número quince… Ya todos duermen… Y al recordar tus primeros quince años, ¡vienen a mí tantas imágenes! Por ejemplo, la del día en que naciste. Yo temblaba de miedo, de nervios de que todo saliera bien ¡y quedé temblando por varios días! Durante los primeros meses, tu mamá y yo nos equivocamos en la dosis de leche y ¡engordaste como una pelota!

Ya cuando eras más grande, me acuerdo que le íbamos a dar comida a los patos, ¡pero tú te comías toda la comida! Pobres patos… ¿Y te acuerdas que te dio por bailar? ¡Bailabas en todas las tiendas, además reguetón, y tenías apenas cinco años! ¡Qué show dabas!

¿Sabes? He intentado ser un papá muy presente, y aunque han sido años de mucho trabajo, siempre hemos estado juntos en tus momentos importantes. Para poder estar más tiempo contigo, te incorporé a mi mundo desde que eras muy chiquita. Jugabas y corrías por los estudios de televisión mientras yo conducía el programa. Cuando tenías siete años, fuimos a un festival en Dallas; mandé a hacer para ti una camiseta que decía "Felipe Viel's Manager" para la ocasión, ¡y repartías mis fotos! ¿Te acuerdas? Y a los once, ¡cómo olvidar cuando cantamos juntos en el programa, y lo hiciste tan bien!

Hemos viajado juntos, hemos vivido grandes momentos. Te he mostrado lugares majestuosos, bonitos, pero también has conocido realidades muy diferentes, y algunas muy duras, como esa vez que pasamos Navidad con toda la familia en Haití junto a los militares chilenos, con cientos de niños de hogares muy pobres.

Todavía tengo grabada en mi memoria tu cara de asombro en los campamentos de Haití. Tu risa nerviosa al ver tanta pobreza y tantos niños que te querían abrazar. Cuando regresamos ¡lloraste como tres días seguidos porque te querías traer a todos los niños! Te preguntarás ¿por qué hice todo eso, verdad?

Mira, a los hijos uno siempre quiere darles lo mejor, pero lo mejor no siempre es lo más costoso, lo más cómodo, lo más fácil. Lo mejor es la realidad tal cual es, con lo bueno y lo malo. Solo el hecho de conocer diversas realidades te permite apreciar lo que tienes. Y también descubrir que hasta en esos lugares de tanta pobreza hay cosas lindas, familias unidas, niños felices que solo cuentan con una pelota de trapo para jugar. Vivir esas cosas te enseña que en el fondo la felicidad no necesita de tanto envoltorio ni de vestidos de gala.

Recuerdo que cuando llegué a este país me impresionaban las carreteras de seis pistas, ¡increíble! Para ti, que naciste aquí, la carretera siempre ha sido así y no lo aprecias tanto.

Estoy muy orgulloso de ti, de tu gran corazón… Aunque ahora me des un portazo en la cara cada vez que quiero entrar a tu pieza, y a veces prefieras estar con tu iPhone o tu iPod o tu iPad… ¡A veces quisiera ser un "iDad"! Pero entiendo que eso es parte de ser teenager. ¡Yo hacía lo mismo! Y tienes que saber que siempre voy a estar ahí, al otro lado de la puerta, para lo que necesites. Porque lo que uno siente por una hija o un hijo no necesita ser correspondido, no se pone a prueba, no entra en crisis. ¡Siempre está!

Por eso quiero darte unos consejos que quizás te puedan servir:

*¡Tienes un talento único! Pero siempre recuerda que esta vida

es 10% talento y 90% perseverancia. Y créeme que lo sé, porque soy de los que solo tenían 10% de talento... ¡Y no voy tan mal!

*Atrévete siempre a soñar en grande, pero ten cuidado: hay una alta probabilidad de que esos sueños... ¡se cumplan!

*Haz lo mejor que puedas siempre. Agradece a Dios todos los días y acuérdate siempre de devolver la mano. La vida es como un bumerán: lo que das, recibes.

*Estoy seguro que serás muy exitosa, pero más importante que eso, busca siempre ser feliz. Y si quieres un secreto, eso generalmente se consigue haciendo felices a los demás.

*Celeste, eres una gran hija y recuerda siempre que, como hermana mayor, debes cuidar a Almendra y a tus tres hermanitos pequeños. Sí, ya sé: muchas veces no te dejan dormir.

Finalmente, hagamos un trato, quédate en los quince años, ¿te parece? No sigas creciendo. Yo sé que ahora no lo entiendes y solo quieres ser grande, pero créeme que si eso fuera posible, en el futuro, me lo agradecerías.

Te quiere mucho,

Papá

¡Bienvenido al high school*!*

"Papá, las clases comienzan en solo unos días y tengo que comprar todo lo que necesito, por favor acompáñame", me dijo mi hija Celeste. Entusiasmado, respondí:

"¡Claro, mi amor! Me encanta que estés tan motivada, ¡vamos ahora mismo a la librería!"

"¿Librería? No, papá, lo que necesito es maquillaje, delineador de ojos, base, cremas...", contestó.

Entendí. ¡Bienvenido al *high school*!

En realidad, creo que este capítulo debería comenzar así:

"Hola, mi nombre es Felipe Viel y soy un adicto a la protección de mis hijas..."

Mientras todos responden: "¡Hola, Felipe!"

Es comprensible querer proteger a los hijos, pero todo en su justa medida. Esto a mí me cuesta mucho. Soy de esos papás que quieren ahorrar para comprar un gran terreno y que cada hijo construya su casa al lado de la mía y así vivamos todos juntos y felices para siempre. Pero esto casi nunca sucede. Se pelean los cuñados, los hijos quieren viajar, se terminan quedando en otros lugares y el plan original no resulta.

Cuesta comprender que lo mejor para los hijos es dejarlos que experimenten sus propias victorias y derrotas, incluso que cometan errores y que sepan levantarse. ¡Que sean independientes!

Para celebrar sus dieciséis años, mi hija Celeste me dijo: "Papá, quiero hacer un viaje". "¡Claro!", respondí. "Podemos organizar algo entretenido, aunque no muy caro, pero sería genial poder ir a..."

"¡Papá!", me interrumpió... "Tú no estás contemplado en el viaje, será solo de mujeres". ¡Plop! Es terrible para un papá como yo enfrentar este momento.

El héroe ya no es tan cool como pensaba

¡Es tremendamente difícil darte cuenta de que tus hijas o hijos ya no quieren estar tanto contigo! Pero cuidado, porque uno puede llegar a pensar que no nos necesitan y ¡sucede todo lo contrario! ¡Te necesitan más que nunca! Claro, pero en esta etapa no siempre es fácil encontrar la forma de lograrlo... no es fácil encontrar ese punto de equilibrio en el cual no se sientan invadidos ni ridiculizados.

Un día se me ocurrió que lo mejor para conectar con mis hijas *teenagers* era ser más parecido a ellas. Mi hija Almendra quería una patineta, entonces compré dos. Me compré además unas zapatillas Vans y una gorra. Cuando llegó mi hija del colegio, la recibí con mi patineta nueva y mi nuevo *look*, que incluía mis Vans y mi gorra. ¡Pensé que estaría feliz de que su papá tuviera tanta onda como ella y que podríamos salir juntos a pasear! ¡Me voy a ganar un punto con ella cuando vea que su papá es tan jovial!

Apenas me vio, me puso una cara de "*wow*, qué patético". Y me dijo seriamente: "Papá, te voy a pedir un favor: no seas de esos papás viejos que se creen *teenager*. Eso se ve muy poco *cool*. De verdad, no puedes tener unas zapatillas con cuadritos y andar en *skate*. ¡Se ve tan ridículo!"

Ahí quedé con mi patineta y mi nueva imagen. Ellas quieren tener un papá jovial, pero hasta cierto punto.

Cuando mis hijas eran pequeñas y yo hacía un programa de televisión, encontraban que su papá era superfamoso. Ahora me dicen: "La verdad es que no eres tan famoso. Las únicas personas que han visto tu *show* son las abuelitas cubanas de mis amigas. Son las únicas que te conocen. Ni las mamás de mis amigas te conocen".

Y es que, aunque no lo queramos, aunque batallemos contra esa dura realidad, cuando comienza la adolescencia vamos perdiendo esa imagen de 'héroes' o 'ídolos' de la que gozábamos cuando eran más pequeños. Y eso, nos guste o no, es parte natural del proceso.

La presión de los estímulos: la dura batalla de los adolescentes de hoy

¡Uf!… Este tema es complicado. A medida que tu hija o hijo se acerca a la adolescencia, la presión que recibe de parte de su entorno es tremenda. Por un lado su entorno, por otro lado la tele, la Internet, las revistas de moda… ¡Todo le está diciendo constantemente que si no luce y actúa de tal forma, no será aceptada, querida, valorada! ¿Y qué puedes hacer al respecto? ¡Mucho! ¡Muchísimo! Debes reafirmarle permanentemente lo bien que está, subir su autoestima y no terminar de hundirla o hundirlo.

En su libro *The Teenage Brain*, la neuróloga estadounidense Frances E. Jensen expone el proceso biológico y de desarrollo del cerebro en esta etapa tan compleja[6]. De esa manera podemos entender mejor lo que está pasando por esas cabecitas, confundidas, abrumadas de información y en pleno crecimiento. Jensen explica que los lóbulos frontales, encargados de medir las consecuencias de nuestros actos, a esa edad aún no han madurado lo suficiente. De hecho, no terminan de hacerlo hasta después de los veinte años, pues el cerebro es el último órgano humano en completarse. Por lo tanto, ¡no podemos exigir que estén 100% conscientes de sus decisiones!

El mensaje de esta experta, que además es madre de dos hijos, es que a quienes les corresponde usar muy bien sus lóbulos frontales es a nosotros, los padres de adolescentes, para que no terminemos haciendo daño a nuestros hijos.

La adolescencia es un proceso de cambio intenso. ¡Todo en ellos está en evolución y en revolución! De hecho, muchas veces nos espantamos porque de la noche a la mañana nuestras niñas, que antes solo veían películas de princesas de Disney, ahora están enloquecidas con las cintas de terror que a nosotros nos producen pesadillas; o ese niño un poco tímido que apenas jugaba béisbol con sus amigos, ahora solo quiere vivir emociones extremas, deportes y actividades que le suben la adrenalina a las nubes. ¡Y nos asusta!

La doctora Jensen nos dice que todo tiene una explicación. Y es que en esta etapa las hormonas sexuales están tremendamente activas en el centro dedicado a las emociones del cerebro, es decir, en el sistema límbico. Esto genera esos cambios de humor repentinos, que muchas veces nos hacen pensar que son bipolares, y esa atracción por las emociones fuertes, por probar lo nuevo, lo peligroso, lo excitante. De la misma manera que a veces, sin causa aparente, los puede llevar a una depresión extrema que los impulse a tomar decisiones drásticas y fatales.

Si a esto le sumamos el fácil acceso a la Internet, redes sociales y el bombardeo de locas ideas que les llegan día a día, el resultado sin supervisión puede ser explosivo. ¿No se han dado cuenta de la cantidad de escalofriantes desafíos que inventan cada semana los adolescentes del mundo entero para subirlos a la Internet? ¡Es impresionante! Y hay que estar muy pendientes de estos para no perderles la pista, y no perder a nuestros hijos en uno de estos.

Los hijos siempre son un enorme reto para los papás, y cada etapa tiene sus exigencias, pero la adolescencia es, sin duda, una de las más complicadas. Las hormonas sexuales, especialmente la testosterona, el estrógeno y la progesterona, hacen de las suyas en la adolescencia, y esto desencadena una serie de fuertes cambios físicos y, sobre todo, anímicos.

En las mujeres, la variación de los niveles de

estrógeno y progesterona, que ocurre cada mes durante su ciclo menstrual, es muy fuerte. Muchas veces las aniquila físicamente, sufren una serie de cambios, molestias, dolores, que no debe ser fácil asimilar de la noche a la mañana. Además, estos están directamente relacionados con los químicos en el cerebro que controlan las emociones. De ahí esos cambios de humor repentinos que suelen tener, a veces inexplicables. ¡Pueden pasar de la risa a las lágrimas o al enojo en cuestión de minutos! Pero no es algo que puedan manejar a esa edad, y ni siquiera entienden bien lo que sucede en ellas. Y créeme que cuando uno investiga y trata de entender todo lo que fisiológicamente les está sucediendo, es casi imposible no volverse más comprensivo, tolerante y benevolente. Te preguntas: ¿todo esto le pasa a mi princesa? *¡Wow!* ¡Y sigue invicta! La verdad es que uno empieza a valorar esa fortaleza innata que tienen desde tan pequeñas.

¿Qué sucede con los hombres? Según la doctora Jensen, en los chicos, la testosterona llega a la zona de la amígdala cerebral, que es la encargada de generar la llamada respuesta de ataque o de escape frente a una situación en que se sientan agredidos o con miedo. Por esta razón los adolescentes suelen involucrarse en peleas o confrontaciones, o bien, si la situación les atemoriza, salen huyendo.

Realmente están viviendo un intenso proceso que deben ir aprendiendo a manejar poco a poco. Necesitan de mucha comprensión.

El peligro de los acechadores

Los adolescentes están expuestos a tantos peligros que solo pensar en esta situación atemoriza a cualquier papá. Las adolescentes no se dan cuenta de que cuando salen vestidas con unos pantaloncitos muy cortos, no solo llaman la atención de los niños, sino también de los cientos de depredadores sexuales que acechan por todos lados. Según la página criminalpages.com, Estados Unidos tiene más de 400 mil delincuentes sexuales registrados. ¡Casi medio millón! No quiero aterrorizarte, pero debes saber que entre los estados con mayor concentración de pedófilos o delincuentes sexuales enfocados en menores de edad están California, Texas y la Florida. Imagina que solo en Florida existen unos 58 mil registrados. ¿Cómo no estar alertas con nuestros hijos e hijas?

Es importante que nosotros como papás ingresemos a sitios como *Family Watchdog* para conocer el registro de delincuentes sexuales que puedan vivir en nuestra área. Pero también debemos hablar directamente con nuestros hijos e hijas sobre este tema, cómo prevenirlo, cómo estar alerta, qué hacer en determinados casos, etc. Hoy en día, esto es vital, como también es importante que sepan que muchos depredadores sexuales contactan a sus víctimas vía Internet, para lo cual crean perfiles falsos de niños o niñas. Definitivamente hay que estar alertas.

Tienes que enseñarles también que esos mensajes de la televisión no son del todo verdaderos y que deben cuidarse. La tele, las revistas e Internet venden a base de imágenes exageradamente sexis, y los adultos sabemos filtrar el mensaje ¡pero los adolescentes no! Es cosa de ver que en la publicidad de ropa ¡casi no sale la ropa que venden! Aparece un hombre en calzoncillos con una modelo, muy guapa, también casi desnuda… ¡Y se supone que es un comercial de ropa!

Autoestima en crisis: terreno fértil para la anorexia y la bulimia

Si la calle o la Internet son un mar peligroso y desconocido, muchas veces el peligro más grande radica en los adolescentes mismos y tiene que ver con la autoestima. En los primeros años de adolescencia, tu hija, por ejemplo, sentirá que está gorda, que es fea, etc. Estará vulnerable y necesitará más que nunca tu apoyo. Y aunque muchos crean que esto es solo un problema con las chicas, también le sucede a los jovencitos.

Problemas de acné, los cambios físicos, los primeros asomos de vello facial, el pecho en las mujeres, etc. ¡Todo y nada les puede causar inseguridad! Encontrar un adolescente sin complejos y 100% feliz consigo mismo es como encontrar una aguja en un pajar.

Nuestros hijos están en constante escrutinio. Basta que caminen por los pasillos en la escuela o que simplemente contesten a la lista de asistencia para que sientan que todas las miradas se vuelven hacia ellos con una crítica. ¡Y si se destacan en algo, el bombardeo es peor! Hasta los amigos son "opinólogos" en cuanto al *look*, la conducta, los gustos, lo que sueñan, con quiénes se juntan y hasta lo que piensan. Pero muchas veces tanto o más nocivo es lo que nosotros, como papás quizás sin intención, les dejamos caer como crítica. Esto sucede en ocasiones cuando los comparamos con otros chicos, con sus hermanos o cuando no destacamos sus logros y estamos más enfocados en sus errores.

Cuesta asumirlo, pero muchas veces nosotros mismos arrastramos a nuestros hijos a caer por la confusión que les causa nuestra intransigencia y falta de comprensión y apoyo.

Para que entiendas cuán importante es estar atentos y abiertos a informarnos del tema, según un estudio, la hormona alopregnanolona (THP), que se libera como respuesta a la ansiedad, aumenta durante la adolescencia. Esto significa que durante esta etapa ocurre un aumento de respuesta al estrés, lo cual puede generar algunos desórdenes ansiosos, como los ataques de pánico o trastornos alimenticios como la anorexia y la bulimia. Imagina que solo en Estados Unidos 1 o 2 de cada 100 jovencitos sufren algún trastorno alimenticio o con su imagen corporal.

Las personas con anorexia tienen terror a engordar, y por más delgadas que estén continúan viéndose al espejo y sintiendo que están obesas. Por eso van restringiendo la cantidad de comida hasta pasar enormes ayunos, en una obsesión sin fin. Muchas veces, cuando no logran controlar el impulso de comer, para superar esa "caída" se purgan, se inducen el vómito o realizan jornadas maratónicas de ejercicio.

La bulimia es muy parecida, con la diferencia de que las personas comen y en grandes cantidades, generalmente comida chatarra. Pero luego, frente a ese cargo de conciencia, inducen el vómito, realizan ejercicios físicos exagerados o toman laxantes para expiar esa culpa. Las personas anoréxicas generalmente son extremadamente delgadas. Las personas bulímicas pueden tener un peso normal o incluso, pueden tener algo de sobrepeso. Tanto la anorexia como la bulimia son los principales trastornos alimenticios, que generalmente terminan con la muerte o daños irreparables en las víctimas si no se controlan a tiempo.

No es época para el multitasking

En un país como Estados Unidos, donde los jóvenes pueden manejar con un adulto a partir de los quince años y solos a partir de los dieciséis, este es un dato aterrador: seis mil jóvenes mueren anualmente en accidentes automovilísticos. El 87% de ellos por ir distraídos con sus teléfonos.

El hecho de que los adolescentes de hoy en día hayan crecido en un ambiente bombardeado de estímulos también los ayuda a desarrollar simultáneamente múltiples tareas. Sin embargo, tal como señala la doctora Jensen en el libro que cité páginas atrás, los estudios siguen demostrando que el cerebro logra su mayor rendimiento cuando se enfoca en una sola actividad. Más aún en el caso de los adolescentes, ya que los lóbulos parietales, que son los que se encargan de desarrollar en los seres humanos la capacidad de realizar múltiples tareas (*multitasking*, en inglés) son una de las últimas áreas cerebrales en madurar.

Así es que, en la medida de lo posible, es fundamental intentar fomentar en tus *teens* el enfoque, la concentración en una actividad, especialmente cuando sus manos deban estar al volante.

Tecnología, o cómo convertirnos en un 'iDad'

—Doctor, mi hijo no me habla, está todo el día mirando hacia abajo y se ríe solo... ¿Qué cree que tiene mi hijo?

—Muy sencillo... Lo que su hijo tiene ¡es un iPhone!

A veces pienso que Steve Jobs es el culpable de que mi hija no me hable. Aunque luego me acuerdo de que quien paga el bendito teléfono ¡soy yo! Es decir, ¡yo pago para que mi hija no me hable! Si se lo quito, es un drama. No le hablan sus amigas, no sé dónde está, mi esposa me llama, histérica, que se perdió la niña, etc. Y si lo tiene, no sale de su habitación, no habla y parece que está aturdida. ¿Qué podemos hacer?

Desde temprana edad, tus hijos están expuestos a muchos mensajes, algunos verdaderamente peligrosos. En el caso de las niñas los mensajes con contenido sexual están en todas partes: televisión, revistas, Internet. Es tu misión proteger a tus hijos de todo esto, restringir el uso de la Internet, controlar lo que ven en la tele, el acceso y tiempo de uso de los aparatos... En fin, evitar lo que se conoce como hiperconexión, un camino que, según los neurólogos, nos lleva a la irritabilidad, la desconcentración y el aislamiento social, entre otras cosas.

La relación padres-hijos ha cambiado drásticamente en las últimas décadas. Si bien comenzó a cambiar con la llegada de la televisión, en los últimos diez años ha sido una explosión, para muchos, fuera de control. La información y el conocimiento ya no llegan solo de papi, mami y la escuela, sino de un sinfín de lugares, con miles de opciones, colores, sonidos y formas; y lo que es mejor, ¡a la velocidad de la luz!

Lo más increíble de todo es que muchas veces son nuestros hijos adolescentes, o incluso, los más pequeños, quienes nos ponen al día cuando se trata de lo nuevo en tecnología. Tengo amigos que me cuentan cómo semanalmente intentan informarse con sus hijos adolescentes sobre las nuevas aplicaciones, redes sociales, etc. "Un día hice el ridículo con mi hijo de dieciséis años al 'pedirlo' como amigo en Facebook, en un intento de lucir *cool* ante sus ojos. Cuando le dije que no lo encontraba, me respondió: ¿En Facebook? Papá, actualízate, eso es para viejos", me contaba un amigo. ¡Y es que hay decenas de redes sociales, aplicaciones y novedades cada semana! Cada día más simples, directas y rápidas.

De la misma manera, ha cambiado la forma de comunicarse entre ellos. Para muchos adolescentes, expresar emociones es tarea titánica. ¡Hoy en día los emoticonos y emojis, esos dibujitos en el teclado, lo resuelven! Y a muchos puristas les puede parecer una aberración, pero es una nueva forma de lenguaje, validada internacionalmente y que funciona de maravilla entre las nuevas generaciones.

Redes sociales

Así como el uso de estas herramientas tecnológicas puede facilitar la comunicación para los más tímidos, o al menos proporcionar opciones, también es un arma de doble filo. Por ejemplo, aunque las redes sociales están reglamentadas para usuarios de más de dieciocho años, sabemos que esto no se cumple. ¡Prácticamente todos los adolescentes e incluso, muchos niños tienen sus propias cuentas! Un gran riesgo... Y los expertos aseguran que nosotros como papás, si los autorizamos, debemos estar al tanto de estas. Hoy en día las redes sociales son las "oficinas virtuales" de pedófilos, secuestradores, delincuentes, explotadores sexuales, traficantes, etc. Ellos están allí, escondidos tras la pantalla, con nombres ficticios, en busca de víctimas vulnerables, no importa el sexo, la raza, la condición social, ni la edad. ¡No puedes descuidarte!

Las redes sociales también se han convertido en un escenario propicio para el *bullying* y uno masivo, mucho más agresivo y cuyas consecuencias son imposibles de eliminar la mayor parte del tiempo. Hoy en día cualquiera tiene "vitrina" a través de las redes sociales, y una vitrina que ni siquiera los adultos hemos aprendido aún a manejar. Si hasta hace algunos años se podía dañar la imagen de una chica o chico de la escuela, ridiculizándolos dentro de un grupo, ahora esto mismo se puede hacer publicando sus fotos, videos, comentarios, etc. ¡Imagina el poder de alcance!

Hace poco leía una entrevista que concedió Mónica Lewinsky, la famosa expasante de la Casa Blanca en el gobierno de Bill Clinton. ¡Quién no la recuerda! Ella contaba cómo vivió ese difícil proceso de convertirse en la primera víctima famosa del *bullying* por la Internet, el cual hasta ahora la persigue. Basta poner su nombre en Google para encontrar millones de páginas contando su historia con cientos de millones más de comentarios opinando al respecto. Ella requirió de años de ayuda de todo tipo para lograr superar y manejar la vergüenza, el acoso y la humillación pública. Piensa: ¿qué puede pasar con un adolescente, en pleno proceso de formación, con todas sus inseguridades encima cuando se ve frente a una humillación pública y cibernética? ¡Puede acabar con él o con ella! De hecho, suele ocurrir que muchos chicos terminan suicidándose cuando ven que su reputación justa o injustamente ha sido vulnerada. Realmente es algo serio.

Televisión: tiempo y contenido

El problema está en saber hasta dónde es suficiente en materia de acceso y uso de la tecnología. En cuanto a la televisión, está demostrado que en la mayor parte de los países iberoamericanos más del 50% de los niños a partir de los seis años ve demasiada televisión y el porcentaje aumenta a medida que crecen. En Estados Unidos, los niños hacen un mayor uso de la tecnología, sobre todo en juegos de computadora y la Internet.

Los papás tenemos que estar al tanto de esto, no solo al tiempo que dedican nuestros hijos a estar frente a la pantalla, sino también al contenido. Hace un tiempo, un amigo me contaba horrorizado que encontraba que su hija de nueve años hacía comentarios "demasiado sexuales" para su edad. Me contó que uno de los pasatiempos nocturnos "en familia" era ver algunas novelas y series, en horario para mayores de veintiuno, con fuerte contenido de sexo y violencia. ¿Entonces qué esperaba para su hija? Lo mismo ocurre cada cierto tiempo, cuando aparecen jovencitos desequilibrados que toman por asalto alguna escuela y reproducen algún tipo de matanza que llevan años practicando en casa en un juego de computadora. ¡Nos horrorizan los resultados, pero no reparamos en que nosotros mismos les damos en bandeja de plata las herramientas para hacer lo que hacen!

Juegos de computadora

Al menos un 8% de los jugadores de computadora en Estados Unidos entre ocho y dieciocho años son considerados patológicos o adictos a la pantalla. Es decir, que pueden pasar más de diez horas al día frente a la pantalla. Y si saltas y dices que eso es mucho, te aseguro que más de uno se está cuestionando en este momento si no padece de la misma adicción. Hay decenas de estudios que prueban que la práctica excesiva de juegos de computadora violentos crea ciertos desajustes emocionales, familiares, sociales y por supuesto académicos, especialmente cuando son más pequeños. Un cerebro bombardeado durante horas y horas por estos juegos no se desarrolla de la misma manera que otro que no recibe este tipo de estímulos.

Los juegos son potencialmente adictivos, como una droga, como el alcohol, la comida o la Internet. Y en exceso, a la larga, pueden derivar en problemas psiquiátricos, puesto que en definitiva son un trastorno en el control de los impulsos. Muchos de los adictos adultos a juegos de computadora de hoy, con familias destruidas por su falta de control, por la pérdida de las prioridades, fueron jugadores de

Atari en los ochenta. Ojo con eso.

¿Y ahora, qué?

Sé que muchos se pueden estar preguntando: ¿pero qué hace uno cuando su hijo pasa toda la tarde solo en casa? ¿Cómo entretener o mantener controlado a un chico? ¿No es mejor que estén en su habitación chateando o jugando a que estén en la calle corriendo otros peligros? Cada hogar es un mundo y tiene sus propias circunstancias. Nadie puede ponerse en los zapatos de otro. Te recuerdo que solo intento compartir lo que he aprendido al tratar de encontrar una ruta para seguir frente a estas mismas preguntas, porque también debo vivirlo a diario.

Varios expertos sugieren:

* Tomar control del contenido de la televisión y los videojuegos, el acceso a la Internet, etc., que tienen nuestros hijos. Por ejemplo, en el caso de los videojuegos, se trata de ser más selectivos al comprarlos. Intenta evitar los juegos violentos y sanguinarios, especialmente cuando son más pequeños.

* Opta por juegos de deportes, donde además puedan moverse, o aquellos educativos, que los ayuden a reforzar materias de la escuela.

* Con respecto a la televisión, hoy en día

la mayoría de las compañías de cable tiene programas para regular el acceso a la programación, de manera que puedas dejar abiertos exclusivamente los canales aptos para la edad de tus hijos.

* Lo mismo ocurre con la Internet: puedes delimitar el acceso a determinados portales, llamando a la compañía que la provee para asegurarte de que tus hijos no sean bombardeados por información inadecuada.

Somos nosotros quienes debemos establecer las reglas, la disciplina y el tiempo de uso de artefactos tecnológicos en casa. Por ejemplo, restringe el horario de teléfono. En mi hogar, después de las ocho y media de la noche no hay más llamados, textos, emails ni nada por el estilo, salvo emergencias, y los teléfonos se cargan fuera de la habitación.

Como en todo orden de cosas, frente a tus hijos lo más importante es que seas tú quien marca la pauta no solo señalando las reglas, sino dando el ejemplo. Eres tú quien debe modelar la forma de usar la tecnología, dónde, cuándo y cuánto. Si dices hasta X hora se reciben y hacen llamadas o textos, pero te ven "texteando" regularmente hasta medianoche, pues tu mensaje tendrá poco peso. El caso es el mismo si ven que mientras almuerzas en familia estás pendiente de subir la última foto a Instagram, contestando llamadas o mirando el teléfono cada cinco minutos. La congruencia es siempre la mejor modeladora.

Es necesario mostrar que "desconectarse" por un par de horas al día no tiene por qué ser malo o aburrido. Es el tiempo para saber qué pasó en la escuela, revisar tareas, leer un libro juntos, salir a jugar a la pelota, ¡compartir en familia! Pero hacerlo en serio, no a medias tintas. Es cierto que el mundo va rápido, pero no llegará muy lejos en un par de horas.

Tiempo frente a la pantalla

Aquí tienes una pauta para guiarte y ver cuánto tiempo es recomendable que un niño pase frente a una pantalla, según la Academia Norteamericana de Pediatría:

* Los niños menores de dos años no se aconseja que pasen tiempo alguno frente a algún tipo de pantalla. Es una etapa importantísima en su desarrollo cerebral, en la que requiere explorar su entorno y relacionarse con sus estímulos.

* Entre los dos y los siete años, no más de dos horas diarias de televisión. El uso de computadoras se limita solo a actividades relacionadas con la educación que realmente lo ameriten. Pero jamás deben dejarlos frente al televisor o un juego para entretenerlos.

* Entre los siete y los doce años, no más de dos horas diarias en total, ya sea de televisión, computadora, juego, etcétera.

* A partir de los trece años, hasta un máximo de tres horas entre televisión, Internet, juegos y teléfono; este último se recomienda solo a partir de esta edad. Por más responsables que sean

los chicos, el contenido debe ser supervisado por los padres.

Es muy difícil saber si nuestros hijos son potencialmente adictos a la tecnología o a lo que sea, pero si somos responsables, cuidadosos y proporcionamos los límites adecuados, podemos evitar o al menos disminuir los riesgos.

Lamentablemente, el uso de la tecnología parece un callejón sin salida, cada día somos más dependientes de esta. De la misma manera como las generaciones precedentes tuvieron que lidiar con la llegada del cine, la radio, la televisión y paulatinamente se fueron acomodando a los avances, nosotros y los que vendrán más adelante tendremos que ajustarnos a la tecnología y su constante metamorfosis. ¡Es imposible mantener a nuestros hijos ajenos a su uso, pues es dejarlos al margen de la información y de las herramientas que necesitan! Si no dejamos que nuestros niños pequeños se familiaricen con la computadora, las tabletas, los teléfonos, no podrán acceder a gran parte de la educación que hoy en día utiliza estos recursos. De hecho, el 95% de las escuelas de Estados Unidos están conectadas a Internet, donde los estudiantes utilizan sus tabletas para enviar sus tareas y reportes a los maestros, y son las mismas escuelas quienes les proveen de estos aparatos si no los tienen.

Nuestra tarea como papás es estar alerta a los peligros, riesgos y excesos, intentando delinearles el camino para que el uso de la tecnología sea una herramienta productiva, ventajosa y no tóxica.

Ahora hablemos de sexo

Papá: "Querido hijo, creo que es momento de que tengamos una charla sobre sexo…"

El hijo responde: "¡Claro, papá! ¿Qué te gustaría saber?"

——————————o——————————

Un día, hablando con mi hija Almendra de trece años, le dije:

"Mi amor, vamos a ir con la mamá a quedarnos en un hotel por una noche y regresamos al día siguiente. Es para estar un día solos, ¿te parece? La niñera se quedará en la casa con ustedes".

Almendra me respondió: "Tú y la mamá solos una noche en un hotel… *Okay*… Acuérdate que ya tienen muchos hijos, así es que… ¡usen protección!"

¡Plop!

¿Cuándo hablar de sexo?

Sexo… Complicado… En mi caso, confieso que nunca encontré el momento perfecto para hablar del tema. Hasta ahora sigo pensando que mis niñas son demasiado pequeñas y nunca me preocupé por empezar tal conversación, y la verdad, tampoco encontraba la oportunidad ideal para hacerlo.

Recuerdo una vez que mi esposa estaba muy preocupada pues se había enterado que una compañera de mi hija menor, de catorce años, estaba teniendo relaciones sexuales con su novio y que todos los amigos lo sabían, ya que ella se sentía de lo más orgullosa por eso y lo contaba. Esta noticia nos aterró. De inmediato pensamos que si nuestra hija estaba escuchando eso y no se alarmaba, posiblemente se estaba creando el ambiente para que ella y su círculo lo tomaran como algo normal. ¡Y esto implica que en un futuro cercano cualquier otro del grupo de amigos pudiera tener relaciones sexuales! Confieso que me volví loco con esa idea. Muy asustado, me fui directo a la habitación de mi hija y, sin preámbulos, le lancé un discurso sin puntos ni comas.

"Supe que una amiguita tuya está teniendo relaciones sexuales y déjame decirte que no está bien que una niña de esta edad esté con eso. No es conveniente. Por lo tanto, te voy a pedir que tengas mucho cuidado. Muchos de tus amigos seguramente empiezan a hacerse los simpáticos, se acercan a ti, son más cariñosos, te encuentran bonita, pero lo que quieren realmente es tener sexo contigo. Primero, evítalo. Eres muy chica, no te has desarrollado bien, por lo tanto, conviene esperar. Y en unos años más, si lo decides, tienes que estar muy segura de quién es la persona con quien te estás relacionando. Tienes que tomar medidas de precaución, por lo tanto, es muy importante que hables de todas las opciones en unos años más con tu mamá... Es importante que te cuides, que tengas personalidad y mucho cuidado con lo que hacen tus compañeras"...

Mi hija me miró horrorizada por lo detallada que fue mi explicación. "¿De qué estás hablando? Papá, uno de mis amigos tiene aún una lonchera de Spider-Man, ¡son niños!", me respondió.

No sé si fue la mejor forma de llegar al tema del sexo. Seguramente no, pero al menos, como papá, me sentí en la obligación de reaccionar ante lo ocurrido con su amiga. A veces un hecho puntual te obliga a afrontar un tema que no has sabido manejar con anticipación, con el cuidado, la información y la forma que conviene. Pero para ser honestos, no hay un momento exacto para hacerlo. Somos nosotros los que tenemos que generarlo. Para uno, las hijas son siempre inocentes. Pero como sostiene Meg Meeker en su libro *Padres fuertes, hijas felices*, el cual me ha sido muy útil al lidiar con mis hijas adolescentes: "Hay que entender que por buenas que sean, a los quince años ya han visto pornografía en la escuela, con las amigas, en Internet, televisión... Seguro ya habló de sexo con sus amigas y probablemente sabe más que tú"[8]. Esas cosas pasan a esa edad. No reconocerlo es problema nuestro.

Cualquier chico o chica, por muy linda, buena y sana que sea, está expuesta a estas cosas y uno tiene que estar muy atento. Muy presente. Aun cuando ellas y ellos no lo quieran.

¿Qué dicen los expertos?

Como en todo orden de cosas, existen opiniones de todo tipo frente al tema, unas más conservadoras que otras. Pero a la hora de tomar medidas, prefiero basarme en hechos objetivos:

* Según los Centros para el Control y Prevención de Enfermedades (CDC), en Estados Unidos ya en 2011 cerca del 3% de las estudiantes de escuela preparatoria confesaban haber tenido sexo vaginal por primera vez antes de los 13 años de edad.

* En Estados Unidos se estima que cada día unas dos mil adolescentes salen embarazadas.

* Los adolescentes son uno de los grupos que presentan mayores índices de enfermedades de transmisión sexual.

* Los adolescentes que han tocado el tema de sexualidad desde más temprana edad con sus padres y sienten mayor confianza para hablar con ellos sobre sus implicancias, sin tabúes y con naturalidad, tienden a comenzar a tener relaciones sexuales en forma más tardía. Y cuando lo hacen, tienen mayor precaución frente a temas de transmisión sexual, uso de preservativos, parejas más estables, etcétera.

Entonces...

*No es fácil abordarlo, pero mientras más temprano comencemos a hablar sobre sexualidad con nuestros hijos, mejor.

*Infórmate sobre el lenguaje que debes usar para manejar el tema sexual de acuerdo a la edad y características de tu hijo o hija. Si no te sientes preparado para abordarlo, habla con el pediatra de tu hijo para que te oriente o te derive con algún especialista que te dé la pauta.

*Utiliza los recursos disponibles para tocar el tema. Por ejemplo, a partir de una imagen en un comercial de televisión, una foto en una revista o de alguna historia de la escuela que salga a relucir.

*Es importante que conozcas qué opinan tus hijos. Para eso

debes proporcionarles el ambiente de confianza necesario. No deben sentir que si opinan al respecto serán castigados por "inmorales". Recuerda, ellos recién están aprendiendo y formándose.

A tomar en cuenta:

*Todos los hospitales, clínicas, consultas privadas, etc., de Estados Unidos tienen la obligación de proporcionar a tus hijos un tiempo de consulta "en privado". ¿Qué quiere decir? Que tu hijo o hija puede hablar con su pediatra y enfermera con confianza para preguntarles o contarles sus inquietudes. Esto implica que tú no estés presente para que ellos puedan abrirse si es que no cuentan con esa confianza en casa. Luego los doctores se encargan de ver cómo manejan el tema con los padres. Es un recurso que tus hijos necesitan conocer antes de cometer cualquier acto imprudente.

*Averigua todas las opciones de prevención de enfermedades de transmisión sexual. Tal es el caso de la vacuna contra el VPH o Virus de Papiloma Humano, es decir, Cervarix, Gardasil o Gardasil 9, que en Estados Unidos está recomendada para niñas a partir de los nueve años de edad. Imagino que abrirás los ojos tal como lo hice yo cuando me enteré de la seriedad de un virus como este, que es el principal causante de cáncer cervicouterino y anal, entre otros. Pero solo quiero que tengas en cuenta que hay estudios que muestran que más del 50% de las mujeres en edad universitaria se han infectado con el VPH durante los primeros cuatro años de tener relaciones sexuales. Otro dato que seguro te impactará es que más de seis millones de personas contraen este virus cada año en Estados Unidos, y de estos, casi la mitad son mujeres entre 15 y 25 años de edad. Esta vacuna se aplica en tres dosis durante un período de seis meses. Es importante aplicarla antes de que comience la actividad sexual.

*No creas que el problema del VPH es exclusivo de las mujeres. ¡Para nada! De hecho, los principales agentes de transmisión de este virus son los hombres. Por eso, la FDA aprobó el uso de la vacuna Gardasil y Gardasil 9 para ayudar a prevenir verrugas anales, genitales y ciertos tipos de cáncer en los adolescentes. Pero igual que en el caso de las niñas, es de vital importancia que las dosis completas se apliquen antes de que empiecen con su actividad sexual para que no queden expuestos.

VIH: infórmate para evitar el pánico

Hoy en día, el sida, una enfermedad causada por el virus llamado VIH, es completamente tratable. Sin embargo, se ha generado una epidemia grave, prácticamente fuera de control, especialmente entre los jóvenes. En 2010, los hombres jóvenes homosexuales y bisexuales de entre trece y veinticuatro años representaban el 72% de las nuevas infecciones por el VIH en ese rango de edad. La propagación de este virus entre los menores se veía venir. Antes de comenzar el nuevo siglo, el programa de las Naciones Unidas sobre el VIH/sida (ONUSIDA) decidió enfocar su campaña mundial del sida en los jóvenes. Esto se debe a que más del 50% de las nuevas infecciones por VIH/sida se producían entre jóvenes de entre diez y veinticuatro años de edad. Hoy en día, más de dos millones de adolescentes de entre diez y diecinueve años están infectados con el VIH.

Si bien el tratamiento del VIH es cada día más común, asequible y controlado, y los índices de mortalidad por causa del virus han disminuido en términos generales, en la última década, entre los jóvenes, en cambio, las muertes han aumentado en un 50%.

Son cifras aterradoras. Lo peor de todo es que a pesar de toda la información que se proporciona a través de los medios de difusión y las propias escuelas, aún solo entre el 20% y el 30% de los jóvenes en Latinoamérica, por ejemplo, cree que corre algún riesgo. La mayoría no asume que su pareja puede ser un factor de riesgo y en muchos casos siguen pensando que es una enfermedad que se propaga casi exclusivamente entre drogadictos, prostitutas y homosexuales. Por esta razón, quienes tienen la responsabilidad de ayudar en esta lucha somos nosotros, los padres.

¿Cómo hacer frente al sida, al VPH, a los embarazos a temprana edad y a la sexualidad en general?

*Informándonos para poder informarles. No queda de otra. Hay que hacerlo.

*Buscar ayuda si no nos sentimos preparados para abordar los temas.

*Aun cuando pongamos nuestro marco moral, de acuerdo a nuestras creencias, debemos ser lo más abiertos y objetivos posibles en cuanto a la prevención. Por supuesto que lo ideal es que nuestros hijos e hijas sean capaces de controlar sus impulsos hasta que sean lo suficientemente maduros. Pero debemos ser realistas.

*Educar evitando rescatar nuestra naturaleza machista. Esas viejas conductas de que los hombres deben iniciarse lo más jovencitos posibles y en un prostíbulo están muy, pero muy pasadas de moda. Ya sea que tengas hijas o no, te puedo asegurar que tradiciones como esas han marcado tristemente a muchas generaciones. Un papá 3.0 está a años luz de mantener viva una costumbre tan nociva para la formación del líder de un futuro hogar.

¿Qué hacer para superar la adolescencia con honores?

Definitivamente no es fácil la adolescencia. Hay días en que también me siento agotado e incluso triste de que me cierren la puerta en la cara cuando insisto en invitar a mis hijas a que hagamos algo juntos. ¡Si hasta hace tan poco morían por acompañarme a todas partes! Pero si no es fácil para nosotros como papás, ¡imagínate como lo es para ellos y ellas! En este momento es fundamental la presencia del papá. ¡En esta etapa es cuando tu hija e hijo necesita más que nunca que le abraces! ¡Sí, que le des un gran abrazo!

Irónicamente pareciera que es la edad en que lo único que quieren es estar solos, pero tu presencia es fundamental. El abrazo es el contacto físico que ellos necesitan a esta edad. Si tú no los abrazas, ella o él buscará ese afecto y cariño en otra persona que posiblemente no tenga tan buenas intenciones. Así es que más te vale que estés atento y presente siempre.

Recomendaciones

Es cierto que la adolescencia es una etapa complicada, pero es también entretenida. Es el tránsito entre la infancia y la adultez, por lo tanto, hay un potencial inmenso para aprovechar. Aquí te doy otras recomendaciones para coronar este período como una época de maravillosos recuerdos en la memoria de nuestros hijos.

*Incentiva

La doctora Frances L. Jensen también afirma en su libro *The Teenage Brain* que, en general, hemos menospreciado intelectualmente la adolescencia. ¿Por qué? Pues cuenta que los expertos se han enfocado en incentivar el aprendizaje durante la primera infancia, pero que esta época también es un terreno fértil para sacarle partido al cerebro. Según ella, se han hecho investigaciones que confirman que durante estos años de crecimiento emocional y físico paralelamente se puede aumentar el coeficiente intelectual. ¡Y esto es un buen dato! Claro que sí, pues la experta dice que incluso si nuestro hijo o hija no ha sido muy destacado hasta los 15 o 16 años, puede ser que a partir de ahora lo sea. Obviamente, si es motivado para que lo haga. Por eso es vital que los ayudemos en esto. Ella sugiere que incentivemos a nuestros hijos a aprender otro idioma, un instrumento musical o despertar algún interés que le demande involucrarse. ¡No hay manera más sensata de evitar problemas que manteniendo la mente ocupada! (Y esto, a cualquier edad).

*Orienta

Recuerda que la evaluación de las consecuencias de tu hijo o hija a esta altura no necesariamente es la correcta. Por eso, tú eres su referente a la hora de orientar, de informar cómo escoger a qué dedicarle el tiempo y a qué no, qué experiencias son útiles para probar y cuáles son un riesgo enorme que puede pesarles toda la vida, de cómo elegir a sus amigos y, más adelante, a sus novios, etcétera.

*Valida su opinión

Recuerdo una ocasión en que llegué a comer a la casa de un amigo con mi hija Celeste, que entonces tenía unos doce años. Al entrar al departamento, mi hija miró la hermosa vista al mar y le dijo a mi amigo: "¡Este departamento tiene mucho más valor por esta vista! Te felicito, es buena inversión." Mi amigo me miró sorprendido. Claramente, mi hija repetía conceptos que ha escuchado de mí y de su abuelo en lo referente al negocio de bienes raíces, quizás sin saber muy bien todavía de qué se trataba. Pero cada vez que podía, yo la llevaba a ver propiedades y siempre le pedía su opinión. Poco a poco fue aprendiendo y para ella era como un juego. Hasta el día de hoy me dice: "Papá, vamos a algún open house para ver cómo podemos arreglar las casas". Es importante que ellos sientan que tomamos en cuenta sus opiniones y posturas, que los escuchamos y le damos el valor a sus ideas. Eso es parte vital de su autoestima.

*Insiste

Mis hijas *teen* me cierran la puerta en la cara como cuatro veces a la semana, pero ¿sabes qué? Insisto. Hazlo tú también. No dejes de intentar hablar con tus hijos y decirles cuánto los quieres. Muchas veces ese portazo o esa indiferencia es simplemente que te están poniendo a prueba. Es cierto que necesitan su espacio e independencia, pero también te necesitan, y mucho más de lo que te imaginas. Así es que insiste, tanto si tienes un hijo o una hija.

La sociedad moderna insiste en vender el estereotipo de la mujer independiente, que no necesita a nadie, pero las hijas necesitan a sus padres, y a futuro, idealmente, una pareja, un entorno familiar. Lo mismo ocurre con los chicos; muchas veces sentimos que ya se las pueden arreglar solos, pero necesitan a su papá para hablar, para comunicarse, para expresarse o simplemente para recibir un abrazo.

*Marca tu presencia

No cometas el error de dejar solos a tus hijos o hijas simplemente porque te lo piden. Dales su espacio, pero marca tu presencia siempre. Uno de los momentos más difíciles como papá es aquel preciso instante en que tu hija o hijo ya no quiere andar contigo para todos lados y comienza a optar por su independencia. Uno piensa que hizo algo mal, que está enojado o enojada contigo... Pero no, es el inevitable comienzo de la adolescencia y sucede así, repentinamente... Un día de tantos, tu hija o hijo ya no te encuentra tan *cool*... Ya simplemente no quiere ser tu *partner* incondicional. No importa. Pero que sepa que siempre estarás cerca.

*Ojo con los amigos.

Soy un verdadero investigador privado cuando se trata de ver con quiénes se están juntando mis hijas, sobre todo cuando son adolescentes. Llamo a los papás de las amigas para confirmar, agradecer y conocer los detalles de la actividad a la que han sido invitadas, a qué hora van a llegar, quiénes más estarán, etc. Cuando tú llamas, el papá o mamá de la amiga inmediatamente toma una responsabilidad mayor con tu hija o hijo. Sabe que al menos ese niño tiene un papá que se preocupa.

Hacerse amigo de los compañeros también es una buena táctica. Esto funciona especialmente cuando son más pequeños, porque cuando ya llegan a una edad adolescente, trece o catorce años, tus mismos hijos no te dejan entablar esa cercanía con ellos. Es algo tremendamente incómodo. Pero saber quiénes son sus amigos es muy importante.

*Crea un escudo alrededor de tus hijos

Tal como hemos visto anteriormente, desde los primeros años tus hijos estarán expuestos a muchos mensajes, algunos, verdaderamente peligrosos. Tu misión es proteger a tus hijos de todo esto. Para eso hay palabras clave: restringir, controlar, monitorear, informar, dialogar, enfrentar.

Es tu misión protegerlos en cuerpo, mente y espíritu.

*Enséñales la palabra mágica: no

Si tienes un hijo o hija adorable, sensible, que le gusta agradar a todo el mundo... ¡Cuidado! Sin duda estas son cualidades muy favorables, maravillosas, pero también pueden jugar en contra. Sobre todo si en algún momento se enfrenta a una situación que pueda hacer enojar a un amigo o amiga con su respuesta. Está bien querer complacer, pero también es necesario aprender a decir no con carácter cuando no están convencidos, cuando no se sienten cómodos o cuando saben que no es lo correcto.

Incluso, aunque tengas plena confianza en tu hijo o hija y sepas que por iniciativa propia no haría algo indebido, muchas veces por el solo hecho de no saber negarse, puede meterse en problemas. Los chicos buenos también lo hacen. Para eso es vital recordarles cómo conducirse ante las distintas situaciones y que ellos sepan que, aunque no cuenten con la aprobación de un amigo, tú estás ahí para apoyarlo, escucharlo y entenderlo. Eso le dará la fuerza para usar esa mágica palabra cuando sea necesario.

CAPÍTULO XII.

Antes de concluir...

El futuro de los niños es siempre hoy.
Mañana será tarde.
Gabriela Mistral

Antes de casarme tenía seis teorías sobre
el modo de educar a los niños. Ahora
tengo seis hijos y ninguna teoría.
John Wilmot

Algún día me entenderás

Hace tiempo participé en un seminario sobre manejo financiero. Uno de los conferencistas describió la técnica y el proceso para lograr el éxito, tanto a nivel económico como en cualquier empresa o propósito que nos propongamos en la vida. Recién entonces entendí realmente que todo lo que había logrado mi padre era simplemente increíble. Recordé cómo ese hombre había partido de cero, logrando formar una familia, crear un negocio, tener seis hijos, ser exitoso en lo profesional, ser un padre atento, tener un buen matrimonio, viajar en familia, educarnos y lograr que cada uno de nosotros se realizara en lo suyo. De inmediato, tomé el teléfono y lo llamé.

"Viejo, ¡te admiro! No sé cómo lograste tener una familia con seis hijos, ser exitoso en tu matrimonio, en tu trabajo y, además, ¡ser un superpapá! ¡Eso es casi imposible! ¿Cómo lo hiciste? Ninguno de nosotros ha hecho todo lo que has hecho tú. Mi respeto y admiración. Si logro la cuarta parte de lo que has logrado, estaré más que satisfecho", le dije.

Mi papá, al otro lado de la línea estaba impactado por la sorpresiva llamada, pero sé que aunque fue a destiempo, quizás tardíamente, vino a reconocer de alguna manera tantos años de trabajo incesante, de presencia permanente y de cariño incondicional.

Finalmente, todo ha dado su fruto. Pero solo el paso de los años y el que yo iniciara "mi empresa" de formar mi propia familia, de hacerme cargo, de tener una carrera profesional, de desarrollarme financieramente, etc., ha hecho que entienda todo aquello que hizo mi padre durante años. Esa frase "algún día me entenderás" que tantas veces me dijo, me sonaba ajena y distante hasta que empecé a usarla con mis propios hijos.

Últimamente me he visto repitiendo con mis hijas adolescentes casi a diario "algún día me entenderás". ¡Hay tantas cosas que ellas no comprenden y critican! Y en menor medida también sucede con mis hijos más pequeños, pues siempre hay decisiones que ellos preferirían que fueran distintas. Más permisos, menos disciplina quizás, más tiempo de juegos... Puede haber muchas cosas que no siempre se entienden, pero me consuela recordar que también se lo reproché a mi papá, hasta que se dio esa oportunidad de reconocer su valor.

Puede ser que esa buena voluntad de ser el mejor padre posible nunca sea reconocida verbalmente, pero estoy seguro de que tanto a ti como a mí lo que realmente nos importa es ver los resultados: hijos realizados y felices.

Mis mandamientos

Confieso que a lo largo de los años me he convertido en un apasionado lector de todo lo que tenga que ver con mejorar mi rol de papá y en un entrevistador de cuanto experto logro conocer. Nunca dejamos de aprender al respecto, y eso hace esta tarea aún más entretenida. De todo lo leído, observado y escuchado, he resumido mis propios mandamientos para moldear mi rol de papá 3.0. Aquí los comparto contigo.

* **Amar, aceptar y honrar a mi hijo en su propia naturaleza**. Sonará muy obvio, pero con todos los prejuicios, ideas preconcebidas e idealismos que traemos muchas veces en la cabeza, antes de que nazca nuestro hijo o hija ya le hemos armado la vida hasta que cumpla ochenta años. Pues este mandamiento trata justamente de liberarnos de todo eso y liberar a nuestros pequeños de esa carga. ¡Amarlos tal como son! Tan simple como eso. Si solo tenemos presente este concepto permanentemente, será más fácil valorar esas cualidades y características propias en nuestro hijo o hija, aun cuando sean completamente distintas a lo que alguna vez pensamos. La aceptación sin expectativas crea niños saludables y felices.

* **Expresar el amor a diario.** No me canso de repetirlo porque nunca es suficiente. Sé que es muy cursi, pero no en vano se dice que el cariño es como una planta, que si no se cuida diariamente, muere. ¡Tal cual es! Hay que alimentarlo con mimos, cuidado, protección, atención, tiempo, etc. Especialmente cuando se trata de nuestros hijos. No podemos ser miserables en nuestras demostraciones. Muchas veces tendemos a decir: "Es que yo lo demuestro con hechos", y está bien, pero siempre se hace necesario también el escucharlo: "¿Sabes qué? ¡Te adoro!", "Eres lo más importante en mi vida", etc. En esto no hay suposiciones, los hechos hablan por sí solos, de padres cariñosos, crecen niños cariñosos, especialmente cuando ven que ese amor es realmente incondicional.

* **Dedicar tiempo.** "Menos es más" o "no importa la cantidad sino la calidad" no me parece tan adecuado. Nuestros hijos necesitan tiempo, en calidad y cantidad. Hay que compartir con ellos y hay que estar con ellos, tanto en momentos clave en su vida, como en el día a día. Hay que estar ahí para enseñarles a dar sus primeros pasos, descubrir cómo y qué van comiendo, los juegos que disfrutan, las historias que les gustan... Hay que estar ahí para escucharlos cuando tienen algo que les incomoda o les asusta, para escuchar sus problemas en la escuela, para conocer sus sueños, sus metas y para hablar de esos temas "complicados". Pero hay que estar presente. La confianza es un vínculo que crece con el tiempo.

* **Reforzar lo bueno.** Para cualquier ser humano no hay nada como sentirse valorado por lo mucho o poco de lo bueno que tengamos, más que ser regañado o cuestionado por nuestros

defectos. Y si a los adultos nos funciona, imagina cuánto no pesa en un niño o niña en pleno desarrollo. Más todavía cuando sienten que es su papá quien se fija en eso. ¡El reconocimiento es un estímulo inmenso! Cuando enfocamos nuestra energía en destacar esas pequeñas actitudes o acciones positivas, intentando "darle la vuelta" a aquello en que fallan, generalmente a la larga el resultado final es mejor.

* **Modelar con el ejemplo.** Lo he dicho antes y lo repito ahora, pues es uno de los pilares en los que intento basar mi "título" de papá y en todo orden de cosas. Aquí no sirve eso del "padre Gatica, que predica y no practica". El mejor discurso es el que está acorde con la acción diaria. ¡Es un fundamento básico! Los niños tienen sus antenas puestas las veinticuatro horas alrededor nuestro, vigilando, observando y asimilando. Mientras nuestro mensaje sea coherente, tendremos autoridad y respeto frente a sus ojos. Y eso es vital en la relación de confianza que desarrollemos a lo largo de sus vidas.

* **Reconocer nuestras faltas.** Insisto mucho en este punto, pues creo que ser vulnerables y honestos, lejos de hacernos perder autoridad, nos eleva siempre ante los demás, especialmente ante nuestros hijos. Muchas veces podemos equivocarnos, quizás perdemos la paciencia y nos descontrolamos, o incluso podemos fallar en algo más grave que nos ponga en tela de juicio socialmente. Nunca es tarde para enfrentar el error y mostrar la real intención de enmendar y modificar la conducta. Alguna vez leí que la mayoría de los seres humanos pierde la oportunidad de ser feliz simplemente porque prefiere no ceder y reconocer que se ha equivocado. ¡Que no seamos

uno más de ese grupo! Incluso, pedir perdón nos engrandece, especialmente cuando hemos herido a nuestros hijos.

Mi compromiso contigo

No tengo la verdad absoluta. Tampoco sé si mi postura es la correcta, pero quiero que mis hijos vean que todo lo que hace su papá lo hace pensando en ellos. Quiero que se sientan afortunados con la vida que han tenido, para que el día de mañana, cuando les toque adoptar el papel de papás o mamás, lo hagan recordando esos modelos de amor incondicional, con sus fallas, sus errores, pero siempre presentes que tuvieron a su lado.

Fred Rogers escribió algo que me caló profundamente: "No existen ni padres ni hijos perfectos, sino padres e hijos 'humanos'"[9]. Esa es precisamente la forma en que veo mi relación con la paternidad. Y sucede que esta paternidad 3.0 nos da la maravillosa oportunidad de enfrentarla de manera más espontánea, más honesta y más comprometida que nunca.

Espero que a través de estas páginas puedas haber encontrado algo de ayuda, quizá alguna palabra de aliento, de empatía, de saber que no estás solo en la tarea y que no eres el único que a diario siente que no lo hizo tan bien como quisiera o que podría hacerlo mejor. O simplemente, a través de estas líneas se haya abierto una oportunidad de diálogo y de encuentro más cercano con tu hijo o hija. Tal como he escrito varias veces, el que seamos papás en la era moderna, más tecnológica, nos proporciona más herramientas pero no nos hace infalibles. ¡Seguimos cometiendo errores! Pero hoy estamos abiertos a descubrirlos, enmendarlos y buscar siempre una mejor vía para seguir creciendo junto a nuestros hijos.

Te invito a mantenernos en contacto a través de mis redes sociales, la página www.papaciencia.com y mi columna en el sitio Serpadres.com.

Comparte conmigo tus inquietudes, tus anécdotas, historias y comentarios para construir juntos esta comunidad de papás 3.0. ¡Estamos juntos en esta emocionante travesía llamada paternidad!

"Todo estará bien al final... Si aún no está todo bien, es que todavía no es el final". (Pensamiento Hindú)

¿Dónde buscar ayuda?

Lo he dicho a lo largo de estas páginas y vuelvo a repetirlo: no tenemos por qué sentirnos agobiados, o entre la espada y la pared en esta tarea de ser padres. Aun cuando tengamos toda la disposición y las mejores intenciones de ser los mejores papás del mundo, es normal que fallemos, que no siempre encontremos la fórmula adecuada, la palabra correcta, la respuesta que nuestros hijos esperan o necesitan. Para mí, el sentarme a reflexionar, cuestionarme y, muchas veces, asustarme por no saber cómo enfrentar un determinado tema me ha dado la hombría de ir por ayuda.

Sí, hablo de hombría, porque aunque muchos piensen lo contrario, hay que tener los pantalones bien puestos para reconocer nuestras flaquezas, debilidades y buscar soluciones. Los valientes enfrentan las circunstancias cara a cara, mientras los cobardes prefieren esconderse o esconder lo que no gusta debajo de la alfombra; más aún cuando el amor por un hijo puede hacernos voltear el mundo si es necesario.

Afortunadamente, hoy tenemos un abanico de oportunidades para aprender, para mejorar y para encontrar respuestas. A continuación, he recopilado algunos de los libros que más me han servido para dar con la información que usco con respecto a la paternidad. Así también te sugiero algunos *websites* o páginas web que me parecen serios, responsables y un gran aporte. Espero que te sirvan.

Notas a pie de página:

[1] Cervantes, I. F. E., Coria, M. C. A., Figueroa, P. J. G. y Huacuz, E. M.G. (1999). *Paternidad equitativa: Una propuesta para hombres que desean mejores relaciones con sus hijos e hijas.* Colectivo de Hombres por Relaciones Igualitarias (CORIAC). México: UNICEF, Population Council, PROMUJER, ASHOKA.

[2] UNICEF-UDELAR, *Nuevas formas de familia. Perspectivas nacionales e internacionales.* Uruguay, 2003

[3] Entrevista realizada por el autor

[4] Eleanor E. Maccoby y John A. Martin. 1983. "Socialization in the Context of the Family: Parent-Child Interaction", en *Handbook of Child Psychology*, ed. Paul H. Mussen. Vol. 4: *Socialization, Personality, and Social Development*, ed. E. Mavis Hetherington. 4a ed. Nueva York: Wiley, 1-101.

[5] Hecker, T., K. Hermenau, D. Isele y T. Elbert. 2014. "Corporal punishment and children's externalizing problems: A cross-sectional study of Tanzanian primary school students", *Child Abuse & Neglect, vol. 38, num. 5, 884-892.*

[6] Frances E. Jensen, *The Teenage Brain*, Nueva York, Harper, 2015.

[7] Shen, H., Gong, Q.-H., Aoki, C., Yuan, M., Ruderman, Y., Dattilo, M., Williams, K., and Smith, S. S. (2007). Reversal of neurosteroid effects at 4 2 GABAA receptors triggers anxiety at puberty. Nature Neurosci. 10, 469-477.

[8] Meg Meeker, *Padres fuertes, hijas felices*, Ciudadela Libros, 2010.

[9] Fred Rogers, *El libro de la paternidad responsable*, Oniro, 2003

Bibliografía:

Banderas, Alicia. 1990. *Hijos felices*. Agapea.

Cervantes, I. F. E., M. C. A. Coria, P. J. G. Figueroa y E. M. G. Huacuz. 1999. *Paternidad equitativa: Una propuesta para hombres que desean mejores relaciones con sus hijos e hijas.* Colectivo de Hombres por Relaciones Igualitarias (CORIAC). México: UNICEF, Population Council, PROMUJER, ASHOKA.

Furstenberg Jr., Frank. 1995. "Family Change and the Welfare of Children: What Do We Know and What Can We Do about It?", en *Gender and Family Change in Industrialized Countries*, ed. Karen O. Mason y An-Magritt Jensen, Oxford: Clarendon Press.

Hecker, T., K. Hermenau, D. Isele y T. Elbert. 2014. "Corporal punishment and children's externalizing problems: A cross-sectional study of Tanzanian primary school students", *Child Abuse & Neglect, vol. 38, num. 5*, 884-892.

Jensen, F. E. 2015. *The Teenage Brain.* Nueva York: Harper.

Kouzes, J. y B. Posner. 1998. *El desafío del liderazgo.* Ediciones Granica.

L'Ecuyer, C. 2012. *Educar en el asombro,* Plataforma Editorial.

L'Ecuyer, C. 2012. *Educar en la realidad*, Plataforma Editorial.

Maccoby, E. E. y John A. Martin. 1983. "Socialization in the Context of the Family: Parent-Child Interaction", en *Handbook of Child Psychology*, ed. Paul H. Mussen. Vol. 4: *Socialization, Personality, and Social Development*, ed. E. Mavis Hetherington. 4a ed. Nueva York: Wiley, 1-101.

Masó Portabella, A. y B. Sotomayor. 1990. *Padres que dejan huella*. Ediciones Palabra.

Maxwell, J. C. 2005. *25 maneras de ganarse a la gente: Cómo hacer que los demás se sientan valiosos*. Grupo Nelson.

Meeker, M. 2010. *Padres fuertes, hijas felices*. Ciudadela Libros.

Mundy, L. 2013.*The Richer Sex: How the New Majority of Female Breadwinners is Transforming Our Culture*. Free Press.

Posada, J. 2015. *El camino a casa: Mi vida con los Yankees*. Harper Collins Español.

Pougnet, E., L. A. Serbin, D. M. Stack y A. E. Schwartzman. 2011. "Fathers' influence on children's cognitive and behavioural functioning: A longitudinal study of Canadian families", en *Canadian Journal of Behavioural Science/Revue canadienne des sciences du comportement*, vol 43, num. 3.

Rogers, F. 2003. *El libro de la paternidad responsable*. Oniro.

Rogers, F. 2000. *Let's Talk About It: Extraordinary Friends*. Puffin Books.

Shen, H., Gong, Q.-H., Aoki, C., Yuan, M., Ruderman, Y., Dattilo, M., Williams, K., and Smith, S. S. (2007). Reversal of neurosteroid effects at ñ4ñ2ñGABAA receptors triggers anxiety at puberty. *Nature Neurosci.* 10, 469-477.

Shorter, E. 1977. *The Making of the Modern Family*. Basic Books.

Thomasma, D. C. y T. Kushner. 2000. *De la vida a la muerte*, Cambridge University Press.

Sitios en la red:

abcdelbebe.com

Cdc.gov/spanish

Espanol.babycenter.com

Guiainfantil.com

Healthychildren.org

Kidshealth.org/kid/en_espanol

Movilizacioneducativa.net

Plannedparenthood.org

Sepypna.com

Serpadres.com

superpadres.com

Tendencias21.net

Felipe Viel es presentador de televisión, comunicador innato, conferencista, autor y colaborador permanente en sitios especializados de paternidad y familia. Padre de dos hijas biológicas y de otros tres niños bajo el sistema *foster care*. No obstante, no es médico ni nutricionista ni dietista ni abogado ni psicólogo ni consejero familiar.

En casi dos décadas dedicadas a los medios masivos, ha llegado a ser uno de los animadores más carismáticos y queridos de la televisión hispana. Su simpatía y espontaneidad se han adueñado de la pantalla a través de programas como *Escándalo TV*, *el show Charytín y Felipe*, de cadena Mega TV de Estados Unidos, y *Retofamosos*, de la cadena Estrella TV, entre otros.

Su gran poder de convocatoria ha logrado unir a consagrados artistas y personalidades con fines altruistas y ha sido destacado por la organización Women in the Arts por su labor social con niños en riesgo social.

En su rol como padre de dos hijas adolescentes y tres *foster kids*, junto a su esposa Paula Caballero, cuenta sus historias, errores y aciertos. También es columnista de la revista *Ser Padres*, una de las más populares del mercado hispano en Estados Unidos.